Edition Paashaas Verlag

EPV

Die im Buch veröffentlichten Ratschläge wurden von der Verfasserin sorgfältig erarbeitet und geprüft. Eine Garantie kann dennoch nicht übernommen werden; ebenso ist eine Haftung der Verfasserin bzw. des Verlages und seiner Beauftragten für Personen-, Sach- und Vermögensschäden ausgeschlossen.

Namen und Begebenheiten in den Geschichten sind frei erfunden. Ähnlichkeiten mit lebenden Personen und tatsächlichen Begebenheiten sind nicht beabsichtigt, sondern rein zufällig.

Krimiparty Sonderausgabe 13

Ötzi

– oder das schwarze Schaf

Autor: Cornelia H.-Müller
Cover-Motive: Pixabay
Cover designed by Michael Frädrich

www.verlag-epv.de
ISBN: 978-3-96174-042-0
Juli 2019

Die Deutsche Nationalbibliothek verzeichnet diese Publikation in der Deutschen Nationalbibliografie; detaillierte bibliografische Daten sind im Internet über http://dnb.d-nb.de abrufbar.

Inhaltsverzeichnis

Einleitung

Mithilfe dieses Buches können Sie zu Hause gemeinsam mit Ihren Familienmitgliedern und Gästen auf Tätersuche gehen. Sie tauchen ein in einen spannenden Mordfall, ermitteln, befragen und bewerten Tatsachen und Aussagen.

Dabei werden von niemandem schauspielerische Fähigkeiten verlangt. Sie sitzen mit Ihren Mitspielern in gemütlicher Runde beisammen und versuchen gemeinsam, dem Täter auf die Spur zu kommen!

Zu jedem Krimi gibt es eine Geschichte des Verbrechens, die in der Runde vorgelesen wird und darüber informiert, was passiert ist, sowie Rollenbeschreibungen für alle Mitspieler und eine schlüssige Auflösung.

Die Krimis sind so angelegt, dass in einem Raum ermittelt wird. Ob Sie also im Wohnzimmer oder im Freien während eines Grillfestes versuchen, mit Ihren Gästen den Fall zu lösen, spielt keine Rolle.

Das Buch ist mit dem Internet gekoppelt.
Das benötigte Zubehör können Sie ganz einfach herunterladen und ausdrucken. Einladungen, Namensschilder, Kurztexte und Rollentexte finden Sie auf:

http://www.verlag-epv.de im Bereich Downloads unter Krimiparty.
Ihre Zugangsdaten lauten:
Benutzername: krimipartysb13@verlag-epv.de
Passwort: hmueller19

So funktioniert ein Mitspielkrimi!

Erklärungen zur Durchführung

Lesen Sie die Grundgeschichte und die dazu gehörenden Rollen bitte gründlich durch. Überlegen Sie, welcher Mitspieler welche Rolle übernehmen soll. Es ist kein Problem, wenn einmal eine Dame eine Herrenrolle übernimmt oder umgekehrt. Wenn Sie allerdings auch mit ermitteln wollen, ohne zu wissen, wer der Täter ist, vergeben Sie die Rollen blind und lesen Sie keinesfalls die Auflösung durch. Auf diese Weise werden auch Sie als Gastgeber zum "echten" Ermittler.

Haben Sie einen Internet-Anschluss? Dann können Sie unter **www.verlag-epv.de** die einzelnen Rollen für Ihre Gäste herunterladen und ausdrucken. Sollten Sie diese Möglichkeit nicht haben, kopieren Sie sie aus dem Buch.

Die Rollentexte werden erst am Abend selbst an die Mitspieler vergeben. Versenden Sie sie bitte nicht mit der Einladung.

Bereiten Sie Namensschilder mit den Rollennamen für Ihre Gäste vor, diese werden am Spielabend mit einem Klebestreifen oder Klämmerchen für alle sichtbar angeheftet. Auch diese sind im Internet zum Download hinterlegt.

Drucken Sie die Kurzbeschreibung für Ihre Gäste aus; sie erleichtert den Einstieg und hilft, sich die neuen Spiel-Namen zu merken. Wenn möglich, drucken oder fotokopieren Sie für jeden Gast eine Kurzbeschreibung.

Drucken Sie die Zwischeninformation für Hubertus aus und legen Sie diese bereit.

Der Spielablauf

Ihre Gäste werden sicher schon sehr gespannt sein, was sie erwartet. Damit Ihr Krimiabend zum Erfolg wird, noch folgende Tipps:

Schaffen Sie eine gemütliche Atmosphäre und vermeiden Sie zu helles Licht. Stellen Sie Kerzen oder kleine Lichter auf; dies schafft den richtigen Rahmen. Legen Sie bitte für jeden Gast Papier und Stift bereit. Notizen zur Geschichte und zu den einzelnen Aussagen der Mitspieler sind wichtige Stützen bei der Ermittlungsarbeit. Halten Sie bitte auch für jeden Gast die ausgedruckte Kurzbeschreibung des Falles bereit.

Haben Sie ein Abendessen für Ihre Gäste vorgesehen?

Dann dekorieren Sie die Kurzbeschreibungen mit auf der Tafel. Sie werden feststellen, dass es bereits beim Lesen dieser Information rege Gespräche und Verdächtigungen gibt. Wenn sich die Gäste untereinander noch nicht kennen, dient die Kurzbeschreibung ganz wunderbar als Eisbrecher.

Wenn Sie ein Menü mit mehreren Gängen servieren, gehen Sie wie folgt vor:

Verteilen Sie vor der Vorspeise die Namensschilder. Jeder Gast weiß nun, wen er heute Abend charakterlichvertritt.

Lesen Sie nach der Vorspeise den ersten Teil der Geschichte vor. Es ist in der Geschichte vermerkt, an welcher Stelle die Lesung unterbrochen werden kann, um den Hauptgang zu genießen.

Auf diese Weise wird Ihr Abend zu einem richtigen Krimidinner.

Nach dem Hauptgang lesen Sie den Rest der Geschichte vor und verteilen im Anschluss auch die Familienaufstellung.

Erst danach erhält jeder Gast seine persönliche Rolle, die aus Vorstellungstext und Geheimtext besteht. Diese Texte werden nun von den Mitspielern gründlich und vor allem diskret studiert. Wenn alle Gäste soweit sind und ihre Rolle gelesen haben, beginnt die Vorstellungsrunde. Alle Mitspieler lesen reihum ihren Vorstellungstext vor.

Der geheime Text enthält weitere Informationen und ergänzt die Geschichte; er wird nicht vorgelesen, sondern bietet Hintergrundinfornationen, die jede einzelne Person zum Ermitteln benötigt und dann nach eigenem Geschick in die Ermittlungen einbringen kann. Der Mörder erfährt in seinem Geheimtext auch, dass er der Täter ist.

Nach der Vorstellungsrunde beginnen die Ermittlungen; durch Vorstellungs- und Geheimtext ergeben sich viele Fragen, die nun gestellt und beantwortet werden. Übergeben Sie im Laufe der Ermittlungen die Zwischeninformation für Hubertus.

Lügen, darauf sollten Sie Ihre Gäste noch einmal hinweisen, darf wirklich nur der Täter. Alle anderen müssen sich nahe an der Wahrheit orientieren.

Wenn die Ermittlungen abgeschlossen sind, verteilen Sie Zettel, wo jeder seinen Namen und seinen Täterverdacht aufschreiben kann. Sammeln Sie die Zettel ein. Danach servieren Sie, wenn es vorgesehen ist, das Dessert.

Zum Abschluss lesen Sie als Gastgeber die Auflösung des Falles vor. Erst jetzt darf sich der Täter zu erkennen geben!

Geben Sie bekannt, wie viele anhand der eingesammelten Zettel den richtigen Täter ermittelt haben – eventuell machen Sie daraus sogar ein kleines Gewinnspiel, indem Sie etwas verlosen.
Beenden Sie den Abend mit der Verlesung des Schlusswortes; dieses sorgt sicher noch einmal für viel Spaß.

Wenn Sie kein Abendessen, sondern nur einen kleinen Snack planen, gehen Sie wie folgt vor:

- Begrüßung der Gäste und Verteilung der Namensschilder und der Kurzbeschreibung
- Verteilung von Papier und Bleistift für Notizen
- Vorlesen der Grundgeschichte
- Verteilen der Familienaufstellung
- Verteilen der Rollentexte
- diskretes Studieren der Rollentexte
- Vorstellungsrunde
- Ermittlungen
- Täterverdacht aufschreiben lassen
- Verlesen der Auflösung
- Bekanntgabe, wer richtig ermittelt hat
- und wenn es vorgesehen ist, Ziehung des Gewinners
- Verlesen des Schlusswortes

Häufig gestellten Fragen zur Durchführung:

Frage: Weiß der Mörder, dass er der Täter ist?
Antwort: Ja, dies steht ausdrücklich im Geheimtext seiner Rolle.

Frage: Dürfen die Gäste schummeln und flunkern?
Antwort: Nur der Mörder darf dies tun. Die anderen sollten sich nahe an der Wahrheit orientieren.

Frage. Ich habe mehr Gäste als Rollen. Was nun?
Antwort: Wir haben in der Geschichte sogenannte Gastrollen vorgesehen. Wenn es heißt: 7-10 Mitspieler, gibt es 7 größere Rollen und 3 kleinere Gastrollen. Die größeren Rollen müssen, die Gastrollen können besetzt werden.

Sollten Sie die doppelte Anzahl Gäste haben, können Sie an 2 Tischen gleichzeitig spielen. Bereiten Sie Rollen und Zubehör zweimal vor, lesen Sie die Geschichte zentral vor und ermitteln Sie danach an 2 Tischen. Sie werden sehen, dass auch dies reibungslos funktioniert. Vermutlich werden die Tische zu ganz unterschiedlichen Ergebnissen kommen; es kommt immer ganz darauf an, wie sich die einzelnen Mitspieler verhalten.

Frage: Müssen alle Gäste ungefähr gleich alt sein?
Antwort: Nein. Wir haben in unseren Testrunden mit Personen jeden Alters in gemischten Gruppen gespielt. Unsere Mitspieler waren von 16 bis 80 Jahre alt, und allen hat es großen Spaß bereitet!

Frage: Muss alles aus dem Vorstellungstext auch vorgetragen werden?
Antwort: Ja, der Text der Vorstellungsrunde ist so angelegt, dass er wichtige Informationen gibt, ohne die die Ermittlungen rasch langweilig werden.

Frage: Meine Frage war hier nicht aufgeführt; ich benötige Hilfe.
Antwort: Wenden Sie sich bitte an glashauskrimi@glashauskrimi.de und schreiben Sie der Autorin eine Mail. Sie wird Ihnen alle anstehenden Fragen zum Gelingen Ihrer privaten Krimiparty gerne beantworten.

Die Einladung

Wenn Sie Ihre Gäste schriftlich einladen wollen, können Sie z. B. diesen Text als Vorlage nutzen. Im Internet finden Sie eine vorbereitete Einladung, die Sie ausdrucken können.

Einladung zur Krimiparty

Tatort:______________________________

Die Ermittlungen beginnen

am _______

um ______Uhr.

Für das leibliche Wohl ist ebenso gesorgt, wie für spannende Unterhaltung, denn es gibt tatsächlich einen Mord aufzuklären. Klar, dass wir dabei deine/eure Unterstützung benötigen.

Falls ihr eine Lesebrille tragt, vergesst sie bitte nicht, denn ihr erhaltet selbstverständlich Akteneinsicht.

Ich würde mich sehr freuen, wenn du/ ihr komm(s)t. Herzliche Grüße

Antwort bitte per Tel. ______________________

Rollenverteilung, Hinweise zur Durchführung:

Ötzi ist ein Mitspielkrimi für ca. 8-11 Personen,
spielbar ab 6 Personen

8 Personen: Xaver, Traudl, Kathi, Sebastian, Hubertus, Narisara, Mona, Dr. Fechner
(Edwin Schickerl wird ausgelassen; bitte lesen Sie aber seinen Vorstellungstext mit vor. Die Hinweise von Edwin übergeben Sie später, in der Ermittlungsrunde, an Sebastian.)

9 Personen: Mit Edwin Schickerl

10 Personen: Mit Susi Hosenbein

11 Personen: Mit neutralem Beobachter

Sollten Sie nur 7 Personen am Tisch haben, lassen Sie die Rolle von Narisara aus. Lesen Sie aber bitte den Vorstellungstext von ihr vor und übergeben Sie die Rolle von Narisara zusätzlich an Kathi.

Sollte Sie nur 6 Personen am Tisch haben: ohne Edwin, ohne Narisara, ohne Sebastian. Dafür aber zusätzlich mit Susi Hosenbein. Geben Sie den Text von Susi an Mona; sie kann das Wissen von Susi dann mit in die Runde transportieren.

Sie erhalten mit diesem Krimipaket:
- Einladung
- Tischtext
- Familienaufstellung Moosgruber/Stacher
- Vorlesegeschichte
- Rollentexte
- Auflösung
- Zwischeninformation Hubertus
- das Nachwort

Beim Vortragen der Vorstellungstexte bitte beachten:
Bitte tragen Sie zuerst den Vorstellungstext von Edwin Schickerl vor; auch, wenn er nicht mit am Tisch sitzt. Dann bitte Xaver und danach Traudl. Die restl. Vorstellungstexte nach Belieben.

Bei der Vorlesegeschichte ist zu beachten:
Sie können variabel einsetzen, ob die Geschichte zu Weihnachten, vor Ostern, vor dem Erntedankfest spielt.

Es empfiehlt sich, die Familienaufstellung für jeden Tisch 2-3 mal auszudrucken und diese nach dem Verlesen der Hauptgeschichte an den Tischen zu verteilen.

Außerdem:

Geben Sie Hubertus in der Ermittlungsrunde bitte nach ca. 15 Minuten diese Zwischeninformation:

Lieber Hubertus,
wenn du noch nicht erzählt hast, was damals auf dem Flug wirklich geschah, dann berichte den anderen am Tisch bitte jetzt davon.

Kurztext zum Auslegen auf dem Tisch
„Ötzi“ oder auch **„Das schwarze Schaf“**
Ein Mitspielkrimi von Cornelia H.-Müller

Bürgermeister Xaver Moosgruber ist begeistert:
Auf dem Ferntaler, einem Gletscher oberhalb von Wulfrathshausen, wurde eine Eismumie entdeckt. Während Xaver bereits Pläne zur Vermarktung des “Ötzis von Wulfrathshausen“ schmiedet, muss sich Kommissar Schickerl mit dem verwirrenden Obduktionsergebnis des Toten auseinandersetzen. Der plötzliche Tod einer älteren Dame im nahen Kloster Allerried sorgt kurz darauf für weitere Aufregung und Unruhe im beschaulichen Dorf in Oberbayern.
Gibt es einen Zusammenhang zwischen dem Toten vom Gletscher und der Pensionärin im Kloster?

Ich bin sicher, Sie werden mit Ihrem TEAM am Tisch so einige bisher gut gehütete Geheimnisse aufdecken!

Es spielen mit:
Xaver Moosgruber (55)
Traudl Moosgruber (50)
Kathi Greiflinger (46)
Sebastian Moosgruber (25)
Hubertus Stacher (54)
Narisara Tantschid (38)
Mona Seegebrecht (26)
Dr. Peter Fechner (44)
sowie an dem einen oder anderen Tisch
- Kommissar Edwin Schickerl
- Susi Hosenbein und eventuell neutraler Bobachter

Und hier noch ein Wort zu den Spielregeln:
Alle Mitspieler sollten sich nahe an der Wahrheit orientieren;
schwindeln darf nur der Mörder!
Viel Vergnügen und einen Mordsspaß wünscht Ihnen
Cornelia Herbertz-Müller

Familienaufstellung Moosgruber/Stacher

Xaver Moosgruber / Bürgermeister
Xaver ist seit ein paar Jahren mit Traudl Moosgruber, verwitwete Stacher, verheiratet. Er ist zudem der Bruder des bisher verschollenen Bernhardt Moosgruber.

Traudl Moosgruber
Traudl war in erster Ehe mit Alois Stacher vermählt. Dieser war 24 Jahre älter und ist bereits vor 16 Jahren verstorben.

Hubertus Stacher
Hubertus ist der Bruder vom verstorbenen Alois und der Lebensgefährte von Narisara.

Kathi Greiflinger
Kathi Greiflinger ist Sebastians Mutter. Sie war in erster Ehe mit dem verschollenen Bernhardt verheiratet und lebt seit vielen Jahren in Berlin.

Sebastian Moosgruber
Sebastian ist der Sohn von Kathi Greiflinger und dem bisher verschollenen Bernhardt Moosgruber. Er ist der Neffe von Xaver.

Die Grundgeschichte zum Vortragen

Das ist passiert:

„Was heißt das, Sie können mir keine Auskunft geben?“, brüllte Xaver Moosgruber ungeduldig in den Hörer!
„Ich bin der Bürgermeister von Wulfrathshausen! Und ich möchte wissen, was die Pathologie herausgefunden hat. Wie lange lag der Mann da oben? 100 Jahre, 200 Jahre? Das muss man doch inzwischen wissen! Unser Ort feiert in Kürze 300-jähriges Dorfbestehen und da wäre es doch eine wunderbare Werbung, wenn wir ... ja, wenn wir einen Vorfahren, einen Ahnen, präsentieren könnten. So wie der Ötzi damals!“
Xaver lauschte angestrengt in den Hörer und verzog dann ungläubig das Gesicht.
„Sie wissen nicht, wer der Ötzi ist? Der Mann vom Tisenjoch, diese Gletschermumie. Und so einen haben die bei uns oben am Ferntaler vor ein paar Tagen auch gefunden. Er wurde von der Bergrettung geborgen und zu Ihnen in die Pathologie nach München gebracht. Das müssen Sie doch wissen, Kruzifix. Sonst muss ich jetzt wirklich einmal mit Ihrem Vorgesetzen sprechen!“
Sichtlich genervt starrte Xaver mit inzwischen hochrotem Kopf an die Decke und verdrehte die Augen.
An seiner Bürotüre klopfte es und Susi Hosenbein, seit vielen Jahren Sekretärin im Bürgermeisteramt, steckte den Kopf zur Türe hinein.
„Herr Bürgermeister, der Herr Kommissar Schickerl wäre da und möchte Sie kurz sprechen!“
„Jetzt nicht“, rief Xaver energisch und winkte ab.
„Er sagt aber, es sei wichtig. Es geht um den Ötzi ... also um die Leich vom Gletscher!“
Sofort wurde Moosgruber hellhörig und nickte Susi begeistert zu. Dann hielt er kurz eine Hand auf die Muschel des Telefonapparates und flüsterte: „Soll reinkommen. Ich spreche gerade mit München, mit der Pathologie!“
Susi verschwand und beinahe zeitgleich betrat Edwin Schickerl von der Polizeidienststelle im Ort den Raum.

„Wissens was“, rief Xaver nun wieder laut in den Hörer. „Ich hab zu tun. Ihr Chef soll mich gleich zurückrufen. Moosgruber, Xaver Moosgruber. Haben Sie das?“
Er lauschte der Antwort, nickte und legte auf.

„Grüß dich, Schickerl! Stelle dir vor, ich hatte gerade die Pathologen aus München dran. Die wollen oder können mir nicht sagen, ob unser Ötzi nun 100, 200 oder gar schon 300 Jahre alt ist. Aber der Dame da am Telefon, der hab ich mal ordentlich eingeheizt, damit Tempo in die Sache kommt. Das wird eine Sache für den Ort, das sag ich dir! Ich seh schon, dass unsere Hotels sich kaum noch werden retten können vor Touristen! Ganz Wulfrathshausen wird davon profitieren! Ganz Wulfrathshausen!“

Kriminalkommissar Edwin Schickerl kam näher und setzte sich.
„Ich komme auch wegen der Leich, Xaver! Ich hatte da eben auch einen Anruf aus der Pathologie München!“
„Tatsächlich! Was haben Sie denn gesagt? Endlich kommt Bewegung in die Angelegenheit. Ich kann es kaum erwarten, mit der Werbung loszulegen. Unser Ötzi, der könnte zum Beispiel Wulfi genannt werden. Genau ... Wulfi von Wulfrathshausen; wie findest du das?“
Edwin Schickerl kratzte sich am Hinterkopf.
„Ich fürchte, den Wulfi, den kannst du dir aus dem Kopf schlagen. Die Obduktionsergebnisse liegen nun vor.“
Xaver sah sein Gegenüber erstaunt an.
„Ja, und was heißt das jetzt genau?“
„Die Leich, die der Gletscher aus dem Eis freigegeben hat, die ist erst gute 20 Jahre alt.“
„Was?“ Die Enttäuschung war Xaver anzusehen. „Ja, dann heißt das ja ..., dass es gar kein Ötzi ist.“
„Genau, Xaver. Es ist kein Ötzi und auch kein Wulfi. Genau genommen ist es ein Bernhardt.“

Der Name traf Xaver mitten ins Herz. Er starrte sein Gegenüber ungläubig an und ließ sich in den schweren Schreibtischstuhl sinken.
„Nun sag aber nicht, dass ..., dass ...“

Die richtigen Worte wollten ihm einfach nicht einfallen.
Edwin Schickerl nickte bedächtig.
„Doch, leider, Xaver. Leider muss ich dir sagen, dass es sich bei dem Toten vom Gletscher um deinen seit 20 Jahren verschollenen Bruder Bernhardt Moosgruber handelt.

Kathi Greiflinger war schon viele Jahre nicht mehr in Wulfrathshausen gewesen. 2 Jahre nach dem rätselhaften Verschwinden ihres damaligen Mannes Bernhardt war sie mit dem gemeinsamen Sohn Sebastian nach Berlin gezogen. In der Folgezeit war sie nur selten in der alten Heimat gewesen und nach ihrer erneuten Heirat vor einigen Jahren hatte lediglich Sebastian den Kontakt zur Familie seines Vaters gehalten.
Jetzt aber saß sie gemeinsam mit ihrem Sohn in der Küche bei Traudl Moosgruber und trank Kaffee.
„Wo wollt ihr den Bernhardt denn beisetzen lassen?“, fragte Traudl und schob geschäftig ein dicht mit Plätzchen belegtes Blech in den Backofen.
Die Ereignisse der letzten Tage hatten sie völlig unvorbereitet getroffen. Gleich nachdem ihr Mann Xaver sie angerufen und ihr fassungslos die Neuigkeiten mitgeteilt hatte, hatte sie aber, praktisch und zupackend wie sie war, zwei Gästezimmer im Haus für Kathi und Sebastian hergerichtet.
„Und werdet ihr ein paar Tage bleiben? Ihr seid natürlich herzlich eingeladen. ***Weihnachten / alternativ Ostern / Erntedank – je nach Jahreszeit bitte einsetzen –*** ist ja schon in ein paar Tagen!“
„Ach ja, die Beisetzung“, sagte Kathi und sah gedankenverloren aus dem Fenster und auf die mit Schnee bedeckten Berge.
„Darüber habe ich noch gar nicht nachgedacht. Was meinst denn du dazu, Sebastian?“
„Vater wird hier beerdigt; im Familiengrab! Das ist doch selbstverständlich. Was soll er woanders?“
Kathi nicke zustimmend.
„Ja, da hast du sicher recht. Und ***Weihnachten/ Ostern/ Erntedank***? Ich weiß nicht, Traudl. Wird dir das nicht zu viel? Es kommen doch bestimmt auch der Hubertus und die Narlsara, oder?“

„Ja, sicher, die beiden kommen, wie in jedem Jahr. Aber wir haben doch Platz genug im Haus. Hubertus und Narisara bekommen die Ferienwohnung; ihr könnt bleiben, so lange ihr wollt. Wir gehen gemeinsam in die Messe und dann essen wir gut und erzählen uns alte Geschichten. Sebastian, was meinst du? Bleibst du auch?“
„Ja, ich bleibe gerne. Vor allem aber möchte ich wissen, was dem Vater damals da oben am Berg passiert ist. Wie kam er da rauf auf den Gletscher? Er war doch kein Bergsteiger, oder? Und warum hat man ihn damals nicht da oben gesucht? Ich habe das Gefühl, ich weiß gar nichts über meinen Vater und seine Zeit hier im Dorf. Irgendwie habt ihr alle ja immer ein riesiges Geheimnis daraus gemacht!“
„Das, mein Junge, geschah nur zu deinem Besten!“
Xaver war, ohne, dass die anderen etwas bemerkt hatten, gemeinsam mit Edwin Schickerl in die Küche gekommen und trat nun näher.
„Es war nicht einfach mit deinem Vater. Daher haben wir das nie zum Thema gemacht!“
Sebastian lachte kurz und bitter auf.
„Das mag früher ja richtig gewesen sein. Ich bin aber kein Kind mehr und es wird Zeit, dass ich alles erfahre!“

Edwin Schickerl setzte sich auf die Eckbank und sah in die Runde.
„Mei, der Bernhardt. Ich kannte ihn ja auch, wir sind alle hier im Dorf zusammen aufgewachsen. Aber jetzt muss ich euch etwas Wichtiges mitteilen. Die Pathologie hat die Untersuchungen noch nicht abgeschlossen. Fest steht aber wohl, dass der Bernhardt keinem Unfall zum Opfer fiel. Er hatte eine Schussverletzung.“

Die Nachricht, dass die Leiche von Bernhardt Moosgruber gefunden wurde und er vermutlich einem Verbrechen zum Opfer gefallen war, sprach sich rasch in der Region herum. Edwin Schickerl hatte die Familie zwar gebeten, nach außen noch Stillschweigen bezüglich der Schussverletzung zu bewahren. Genützt hatte dies aber wenig. Jeder im Dorf schien Bescheid zu wissen; wie ein Lauffeuer war die Nachricht von Mund zu Mund gegangen.

Sebastian Moosgruber saß einen Tag nach dem Besuch von Edwin Schickerl in der Dorfschänke, als sein Handy klingelte. Er nahm den Anruf an und lauschte in den Hörer. Eine heisere, alte Frauenstimme meldete sich: „Ist da der Sebastian?"
„Ja ... mit wem spreche ich?
„Hier ist Agnes Altmeier, deine frühere Kindergärtnerin."
„Ah, die Tante Agnes", freute sich Sebastian aufrichtig. „Das ist ja eine Freude. Wie geht es dir?"
„Gut, danke. Ich lebe seit einigen Jahren im Stift vom Kloster Allerried; hier kümmert man sich sehr gut um mich. Das Alleine-Leben, das war nichts mehr für mich!"
Sebastian dachte kurz nach. Agnes Altmeier stand damals, als er ihre Kindergartengruppe besuchte, schon kurz vor der Rente; sie konnte inzwischen gut 80 Jahre oder älter sein.
„Sebastian, ich habe von deinem Vater, dem Bernhardt gehört. Ich muss dich dringend sprechen. Kannst du einmal vorbeikommen?"
„Wegen meines Vaters? Ja, natürlich", antwortete Sebastian und sein Herz klopfte auf einmal einen Tacken schneller. „Um was geht es denn?"
„Ich muss dir etwas Wichtiges sagen. Kannst du gleich morgen kommen?"
„Ja, natürlich. Ich komme am Nachmittag. Am Vormittag muss ich mit Mutter noch zum Pfarrer, wegen der Beisetzung."
„Ist recht, mein Junge. Ich freue mich, dich wiederzusehen!"
„Und ich mich erst", rief Sebastian in den Hörer und beendete das Gespräch.

Hubertus Stacher freute sich auf Wulfrathshausen. Seine frühere Schwägerin Traudl Moosgruber hatte ihn und seine Freundin Narisara auch in diesem Jahr wieder zum ***<u>Weihnachts-/ Ostern-/ Erntedank-</u>***Fest eingeladen. Das Essen bei Moosgrubers war legendär und auch der Besuch der Messe um Mitternacht bei Pfarrer Luitpold in der kleinen Dorfkirche gehörte zum Feiertagsprogramm.
Für die aus Thailand stammende Narisara waren die Tage in Wulfrathshausen inzwischen ebenfalls wichtig geworden; sie war bereits

10 Jahre mit Hubertus liiert. Es hatte eine Weile gedauert, bis sie sich an die bayerische Familie gewöhnt hatte. Da sie aber immer liebevoll und herzlich empfangen wurde, fühlte sie sich von Jahr zu Jahr wohler in Wulfrathshausen.
Seit gestern wohnten sie wieder in der kleinen Ferienwohnung, die Traudl schon vor Jahren für Besucher im Haus eingerichtet hatte.
Am Abend dann waren sie bei einem Glas Wein in der Stube auch mit Kathi und Sebastian aus Berlin zusammengekommen.
Narisara hatte noch nie von Bernhardt und dessen spurlosem Verschwinden gehört und Sebastian war sehr froh, dass sie höflich und zurückhaltend Fragen stellte, deren Antworten ihm vermutlich wieder einmal versagt worden wären. Trotzdem blieb das Gefühl, immer noch recht wenig über seinen Vater zu wissen.
Bevor er zu Bett ging, erzählte er vom bevorstehenden Besuch bei Agnes Altmeier.
„Was kann deine Kindergärtnerin denn wissen?“, fragte Narisara erstaunt und sah Sebastian fragend an.
„Nix weiß sie“, beeilte sich Traudl zu sagen. „Sie ist dement, das wissen hier im Dorf doch alle!“
„Ach wirklich?“ Xaver zog erstaunt eine Augenbraue in die Höhe. „Ich dachte, sie kann körperlich nicht mehr und ist deshalb im Stift. Ich war ja als Bub auch schon bei ihr der Gruppe. Die junge Agnes war damals der Schwarm von allen Männern im Dorf. Ein heißer Feger!“
Hubertus lachte kurz auf. „Stimmt. Mein Bruder Alois, der hat auch immer von ihr geschwärmt!“
Traudl wurde ärgerlich; schließlich war sie in erster Ehe bis zu dessen Tod mit Alois verheiratet gewesen.
„Was so geredet wird im Dorf; da ist viel Schmarrn dabei!“ Dann sah sie zu Sebastian. „Was die Agnes dir erzählt, ist vermutlich reine Erfindung, denn sie ist wirklich nicht mehr auf der Höhe im Kopf!“
Kathi Greiflinger hatte sich bisher nicht an dem Gespräch beteiligt. Jetzt sah sie kurz auf und blickte Traudl ernst an: „Man könnt fast annehmen, du hast Angst, Frau Altmeier plaudert etwas aus, was niemand wissen soll!“
Traudl hob abwehrend die Hände.

„Du meine Güte, so ein Schmarrn. Ich möchte nur nicht, dass dumme Gerüchte die Runde machen. Am besten, der Basti macht sich selbst ein Bild von der alten Dame!“

Die Altenpflegerin Mona Seegebrecht stand im Empfangsbereich und sprach freundlich mit einem älteren, offenbar verwirrten Herrn, als Sebastian am nächsten Tag den Altenstift Kloster Allerried betrat.
„Grüß Gott, kann ich Ihnen helfen?“, fragte sie freundlich, als Sebastian näherkam.
Dieser nickte.
„Ich möchte die Frau Altmeier besuchen. Agnes Altmeier.“
Monas Blick wurde ernst, dann nahm sie Sebastian zur Seite.
„Sind Sie ein Verwandter?“
Sebastian schüttelte verwundert den Kopf.
„Nein, Frau Altmeier war meine Kindergärtnerin. Wir waren verabredet.“
„Das tut mir leid“, stellte Mona mit betroffener Stimme fest. „Die Frau Altmeier ist heute Nacht ganz plötzlich verstorben!“

An dieser Stelle können Sie den Hauptgang servieren, falls geplant. Danach lesen Sie bitte weiter vor:

Edwin Schickerl reagierte nach Sebastians Anruf schnell.
Er rief Dr. Peter Fechner, den Heimleiter des Pflegeheimes auf dessen privater Festnetz-Nummer an und erreichte ihn dank Rufumleitung auf der Station.
Dr. Fechner veranlasste persönlich, dass die Zimmertüre von Agnes Altmeier verschlossen wurde. Eine Streifenwagenbesetzung brachte kurz darauf ein Siegel am Türrahmen an, um ein Betreten bis zum Eintreffen der Spurensicherung zu verhindern.
Die Leiche von Frau Altmeier wurde aufgrund einer behördlichen Anordnung vom örtlichen Bestatter zur Obduktion in die Pathologie München gebracht.

Das Ergebnis dieser Untersuchung schockierte Wulfrathshausen nach Bekanntwerden zum zweiten Mal innerhalb weniger Tage ...

Aussage Edwin Schickerl – Kriminalkommissar Wulfrathshausen – Nr. 1

Meine Herrschaften, es gibt in beiden Fällen Neuigkeiten!

Kommen wir zunächst zum Todesfall Bernhardt Moosgruber: Die Leiche war ja all die Jahre eingefroren; insofern hat die Obduktion doch noch einige Ergebnisse hervorgebracht.

Aktuell kann ich folgendes sagen: Der Bernhardt Moosgruber *kam nicht* durch die zunächst bei einer ersten Leichenschau festgestellte Schusswunde ums Leben. Diese Schusswunde war vergleichsweise harmlos und ist wohl seinerzeit erstversorgt worden durch einen Druckverband, wie man ihn in jedem Haushalt findet. Nein, das Opfer starb durch weitere, schwere innere Verletzungen. Außerdem hat Bernhardt Moosgruber zahlreiche Knochenbrüche erlitten. Wir nehmen an, dass er nach der Schussverletzung aus großer Höhe abgestürzt ist. An der Fundstelle ist aber weit und breit kein Berg vorhanden. Man kann sie ohnehin kaum zu Fuß erreichen. Es ist ein Zufall, dass der Tote jetzt von einem Heißluftballonfahrer entdeckt wurde.

Die Kugel, welche die Schussverletzung verursacht hat, steckte noch in seinem Körper. Wir haben festgestellt, dass diese Munition damals unter anderem von der Polizei in Bayern für die Polizeipistole Heckler & Koch P7 verwendet wurde.

Ich habe mir die alten Akten zum Verschwinden vom Bernhardt Moosgruber einmal kommen lassen. Er war ja seinerzeit, quasi über Nacht, verschwunden. Vermisst gemeldet wurde er am 30. September von seinem Bruder Xaver. Der gab an, der Bernhardt sei schon seit 7 Tagen nicht mehr nach Hause gekommen zu Frau und Kind. Eine Suchaktion in der näheren Umgebung blieb erfolglos; seither galt der Bernhardt Moosgruber als verschollen.

Nun zum Fall Agnes Altmeier: Nach einem Hinweis von Sebastian Moosgruber, dem das plötzliche Ableben seiner früheren Kindergärtnerin seltsam vorkam, haben wir die Leiche beschlagnahmt und

obduzieren lassen. Das Ergebnis hat ergeben, dass Frau Altmeier an einer Überdosis Insulin gestorben ist. Todeszeitpunkt war etwa gegen Mitternacht; das Insulin muss ihr laut Pathologie gegen ca. 22:00 Uhr verabreicht worden sein. Sie war Diabetikerin und spritzte das Insulin, so hat es die Pflegerin Mona Seegebrecht ausgesagt, niemals selbst. Sie hatte auch kein Insulin im Zimmer.
Frau Altmeier wurde offensichtlich ermordet. Aber warum?
Und was wollte sie dem Sebastian Moosgruber so Wichtiges mitteilen, dass sie ihn einbestellt hat? Sie hatte doch die ganzen Jahre, so hat es der Sebastian mir gesagt, gar keinen Kontakt zu ihm und seiner Mutter.

Übrigens hat die Pathologie ebenfalls herausgefunden, dass die Agnes Altmeier zumindest einmal ein Kind entbunden hat. Das ist schon seltsam. Sie hat ja immer hier in der Region gelebt, soviel ich weiß, und von einem Kind hat hier in Wulfrathshausen noch nie jemand was gehört, oder?

Kruzifix, das sind ja gleich zwei sehr seltsame Fälle.

Wir sollten schauen, dass wir heut ein Stück weiterkommen, sonst muss ich hernach noch an die Kollegen Batic und Leitmayer aus München abgeben ... *Hahaha.*

Hinweise Edwin Schickerl:

Weitere Informationen für dich! Du darfst von all diesem Wissen in der Ermittlungsrunde Gebrauch machen! Wenn du etwas gefragt wirst, solltest du die Wahrheit sagen, denn du bist nicht der Täter und hast nichts zu befürchten.

Bitte erzähle den anderen folgendes:

Bernhardt Moosgruber wurde am 30.9. als vermisst gemeldet; zu diesem Zeitpunkt war er bereits 7 Tage nicht nach Hause gekommen. Dass heißt, verschwunden ist er bereits am 23.9.

Du hast recherchiert, ob es zu diesem Datum damals im Umkreis etwas Auffälliges gab und du bist fündig geworden:

1.) Es gab gegen 20:00 Uhr einen Unfall an der Bundesstraße, außerhalb des Ortes. Ein Landwirt hat damals Anzeige erstattet wegen Sachbeschädigung. Ein Auto ist, vermutlich wegen überhöhter Geschwindigkeit, gegen einen Zaun des Landwirtes gerast. Der Zaun wurde beschädigt; Fahrer und Wagen konnten nicht ermittelt werden.

2.) Gegen 18:00 Uhr hat ein Raubüberfall auf die Sparkasse in einem Nachbarort stattgefunden. Der Täter hat 157.000,00 DM erbeutet und konnte, trotz eines Schusswechsels mit einem zufällig anwesenden Polizisten, entkommen.

3.) Der kleine Sebastian Moosgruber, damals 2 Jahre alt, wurde von seiner Mutter Kathi Moosgruber gegen 21:00 Uhr als vermisst gemeldet, konnte aber nach einer Suchaktion unbeschadet auf einem Spielplatz in der Ortsmitte aufgegriffen werden. Der Kleine hat, während die Mutter auf dem Sofa schlief, unbemerkt die Wohnung verlassen und sich zum Spielplatz begeben.

Zu Agnes Altmeier: Im Zimmer von Frau Altmeier wurde nichts an Hinweisen gefunden. Was wollte sie Sebastian erzählen? Und wurde sie tatsächlich wegen des bevorstehenden Treffens mit Sebastian ermordet oder gibt es ein Geheimnis im Kloster Allerried?

Gehe auch dieser Möglichkeit nach.

Du hast das Personal überprüft: Mona Seegebrecht wurde vor Jahren in einem anderen Heim verdächtigt, Medikamente veruntreut zu haben. Es konnte ihr nichts nachgewiesen werden; sie hat dann aber die Stelle gewechselt.

Bedenke, dass es nicht zwingend einen Zusammenhang zwischen dem Tod von Bernhardt Moosgruber und Agnes Altmeier geben muss.

Versuche daher, jeden der beiden Fälle zunächst getrennt voneinander zu betrachten.

Versuche für jeden der beiden Fälle ein Motiv zu finden, denn hat man das Motiv erst einmal gefunden, ist der Weg zum Täter meist nur noch kurz.

Nach den Ermittlungen schreibt jeder auf, wen er für den Täter hält, und später lösen wir den Fall gemeinsam auf.

Aussage Xaver Moosgruber – Bürgermeister Wulfrathshausen – Nr. 2

Ich hatte die Hoffnung, dass sich das Schicksal vom Bernhardt klärt, schon aufgegeben nach all den Jahren. Insofern bin ich jetzt schon froh, dass wir Gewissheit haben.

Sebastian, mein Junge, wir haben dir bisher nicht viel erzählt über deinen Vater und das hat auch Gründe. Jetzt aber bist du alt genug für die Wahrheit.

Also hör gut zu: Dein Vater Bernhardt war kein Moosgruber; also jedenfalls kein echter Moosgruber. Er wurde von meinen Eltern als Kleinkind adoptiert, da war er schon 4 Jahre alt. Bis zu diesem Zeitpunkt hat er im Kinderheim vom Kloster Allerried gelebt. Ich wurde erst 2 Jahre später geboren. Das Kinderheim gibt es heute nicht mehr. Dafür betreibt das Kloster jetzt ein Pflegeheim für ältere Menschen.

Leider hat sich der Bernhardt nicht so entwickelt, wie die Eltern das erwartet oder gehofft haben. Noch dazu starb unser Vater sehr früh und die Mutter musste uns alleine aufziehen. Die Heimjahre waren wohl prägend für den Bernhardt; unsere Mutter war mit so einem schwierigen Jungen oft überfordert.

Er war so was, wie ein schwarzes Schaf der Familie. Ja, ich denk, so kann man das sagen.

Es gab immer Probleme mit ihm. Erst in der Schule, später dann in der Ausbildung. Was hat er nicht alles angefangen und wieder hingeschmissen. Geprügelt hat er sich ebenfalls gerne und Geld hat er selten verdient. Unsere Mutter musste immer wieder einspringen und ihn unterstützen. Das hat mich schon oft geärgert; die Mutter hatte ja selbst nicht viel.

Als dann später deine Mutter, also die Kathi, in sein Leben kam, da wurde er für kurze Zeit etwas beständiger. Aber was Richtiges gearbeitet hat er auch dann nicht. Es war schwer für deine Mutter, wirklich schwer.

Irgendwann kam die Kathi dann zur mir und sagte, der Bernhardt sei nun schon 7 Tagen nicht mehr heimgekommen. Ich bin dann zur Polizei und hab ihn vermisst gemeldet.

Seither war er verschwunden.

Deine Mutter, also die Kathi, wollte dann, nachdem der Bernhardt zwei Jahre fort war, endlich einen Neuanfang. Deshalb ist sie mir dir nach Berlin gegangen. Alles andere muss deine Mutter dir erzählen, Sebastian. Du hast ein Recht darauf, die Wahrheit über deinen Vater zu hören, da bin ich bei dir.

Hinweise Xaver

Weitere Informationen für dich! Du darfst von all diesem Wissen in der Ermittlungsrunde Gebrauch machen! Wenn du etwas gefragt wirst, solltest du die Wahrheit sagen, denn du bist nicht der Täter und hast nichts zu befürchten.

Warum du vermutet hast, es handele sich bei dem Toten um einen „Ötzi“: Man kann den Gletscher heute kaum auf normalem Wege betreten; daher war für dich klar, dass es sich bei der Leiche um eine Jahrhunderte alte Gletschermumie handelt, die durch die Erwärmung des Klimas und das damit verbundene Abtauen des Gletschers frei gegeben wurde.

Nun zu deinem Bruder: Leider war Bernhardt nicht nur faul, sondern auch kriminell. Er hat Diebstähle begangen, Autos für Spritzfahrten „geliehen“, obwohl er nie einen Führerschein besessen hat, er prügelte sich gerne und oft und er nahm es mit der Wahrheit nicht so genau. Kathi, seine Frau, hatte es nicht leicht mit ihm und sie hat dir oft leidgetan. Er hat nach der Hochzeit in Windeseile ihr kleines Erbe durchgebracht und danach jedes Interesse an seiner Frau verloren. Du warst damals oft bei der Kathi, denn du hast dich verantwortlich gefühlt für deinen Bruder. Im Laufe der Zeit habt ihr schließlich ein Verhältnis miteinander begonnen.
Sebastian ist unzweifelhaft dein Sohn; er sieht den Moosgrubers sehr ähnlich. Kathi hat es nie ausgesprochen, aber es ist inzwischen unübersehbar. Da du sonst keine Kinder hast und sehr stolz auf Sebastian bist, darf es jetzt ruhig offiziell werden! Wenn Kathi es nicht sagt, erzähle du den anderen gleich, dass Sebastian dein Sohn ist.
Falle aber nicht gleich mit der Türe ins Haus und warte ein bisschen mit dieser Mitteilung! Vor allem Xaver, sei bitte einfühlsam. Sebastian rechnet ja überhaupt nicht mit so einer Entwicklung.

Hinweis: Traudl hast du erst von wenigen Jahren geheiratet; damals warst du nicht liiert. Traudl kann dir daher wegen des Sohnes auch nicht böse sein. Dies war lange vor ihrer Zeit.

Nun zu Agnes Altmeier:
Bernhardt und du, ihr seid als Kinder auch bei „Tante Agnes“ im Kindergarten im Kloster Allerried gewesen. Agnes war gut mit deiner Mutter befreundet und Bernhardt lebte im Kinderheim des Klosters. Deine Mutter hat dir einmal erzählt, dass Agnes mit der Idee dieser Adoption an sie herangetreten ist. Da die Ehe deiner Eltern bis dahin schon viele Jahre kinderlos war, haben sie sich schließlich dazu entschlossen, den Bernhardt als Kind anzunehmen.
Du kamst 2 Jahre später zur Welt.
Agnes war als junge Frau sehr attraktiv; sie hat aber nie geheiratet. Man munkelte allerdings lange Zeit, dass sie viele Jahre ein Verhältnis mit Alois Stacher, Traudls erstem Mann, hatte. Dieser war 24 Jahre älter als Traudl und starb schon vor längerer Zeit.
Deine Mutter zog im Alter auch in die Pflegeeinrichtung im Stift Kloster Allerried. Du hast sie regelmäßig besucht.
Einen Tag vor ihrem Tod sagte sie dir damals, sie wisse jetzt, dass der Bernhardt seine letzte Ruhe im Eis gefunden habe und sie könne nun beruhigt sterben. Damals hast du dies für die Fantasterei einer sterbenden Frau gehalten.
Heute fragst du dich allerdings, woher sie wissen konnte, dass Bernhardt im Eis, also im Gletscher liegt. **Erzähle den anderen davon.**
Frage Dr. Peter Fechner, den Heimleiter vom Pflegeheim Allerried, ob er sich noch erinnert, wer deine Mutter kurz vor ihrem Tod besucht hat.

Dein Alibi für 22:00 Uhr: Du warst von 20:00 - 21:30 Uhr mit Traudl bei der Probe vom Kirchenchor. Dr. Fechner war auch dort; diesmal aber alleine. Seine Frau ist im Urlaub.
Danach bist du noch zum Stammtisch in den „Dorfkrug“ gegangen; Traudl ist schon nach Hause gefahren.
Im Dorfkrug saß übrigens auch der Sebastian bei einem Bier; vielleicht hat er dich auch gesehen?

Nach den Ermittlungen schreibt jeder auf, wen er für den Täter hält, und später lösen wir den Fall gemeinsam auf.

Aussage Traudl Moosgruber – Nr. 3

Ja, ich glaub, ich hab nicht richtig gehört! Das kann doch wohl nicht wahr sein, Xaver! Dass der Bernhardt adoptiert ist und gar kein Moosgruber war, das habe ich ja gar nicht gewusst. Meine Güte, Xaver, warum hast du mir das denn nie erzählt? Wie steh ich denn jetzt da? Ich bin doch deine Frau, sowas, das erzählt man doch, das ist doch was ganz Wesentliches. Also wirklich ...

Mein erster Mann, der Alois, der war ja der Patenonkel vom Bernhardt und er hat sich wirklich immer sehr um ihn gekümmert. Den Alois hab ich damals ganz jung geheiratet; er war 24 Jahre älter, aber ich hab ihn aufrichtig geliebt. Als der Bernhardt dann verschwand, da hat sich der Alois sehr verändert. Es war, als sei irgendwie die Freude aus seinem Leben genommen worden. Und das, obwohl der Bernhardt so ein schwieriger Mensch war. Ja mei, ich glaub, der Alois, der wollt auch so gerne Vater werden. Leider hat das bei uns nicht funktioniert. Wenig später ist der Alois dann auch gestorben.

Ich habe dann lange bei meinem Bruder Konrad gelebt und ihm den Haushalt gemacht.
Den Xaver hab ich erst vor einigen Jahren geheiratet.

Ja, und die Agnes Altmeier, die kannte ich natürlich auch. Die kennt ein jeder hier in der Region.
Ich bin ja auch als Ehrenamtlerin tätig im Stift Kloster Allerried. Das heißt, ich geh einmal die Woche rüber und lese den Senioren und Seniorinnen vor oder mach kleine Besorgungen, eben auch ab und zu für die Frau Altmeier.

Aber glaub mir, Sebastian, sie war wirklich recht durcheinander auf ihre alten Tage. Sie hätte dir nichts Neues berichten können.
Nix jedenfalls, was du heut nicht eh erfahren hast und nix, was aus meiner Sicht den Mord an ihr hätte erklären könnte.
Das ist schon eine seltsame Sache.

Hinweise Traudl

Weitere Informationen für dich! Du darfst von all diesem Wissen in der Ermittlungsrunde Gebrauch machen! Wenn du etwas gefragt wirst, solltest du die Wahrheit sagen, denn du bist nicht der Täter und hast nichts zu befürchten.

Deine Ehe mit Alois Stacher war nach dem Verschwinden von Bernhardt nie mehr glücklich. Alois wurde depressiv; er kümmerte sich um nichts mehr und er interessierte sich auch nicht mehr für dich, seine noch so junge Ehefrau. Trotzdem bist du bei ihm geblieben; eine Scheidung kam dir nie in den Sinn. Nach Alois‘ Tod hast du den Stacher-Hof an einen Münchner Makler verkauft.

Zu damals: Bernhardts Wagen stand zum Zeitpunkt seines Verschwindens bei Alois in der Scheune. Du hast Alois damals gefragt, wie der Wagen dorthin kommt. Dein Mann reagierte unwirsch und sagte, Bernhardt hole ihn in Kürze wieder ab. Am nächsten Tag war der Wagen dann tatsächlich wieder weg. Hat Bernhardt ihn wirklich abgeholt oder hat Alois das Fahrzeug verschwinden lassen?
Erzähle den anderen davon.

Was dir jetzt durch den Kopf geht: Bernhardt, also Sebastians Vater, war adoptiert und ist demnach kein echter Moosgruber. Sebastian aber ist unzweifelhaft ein echter Moosgruber. Die Ähnlichkeit ist nicht zu übersehen. Wie ist das möglich?
Richte diese Frage an deinen Mann Xaver.

Kathi kam nach Bernhardts Verschwinden die ganzen Jahre finanziell sehr gut über die Runden. Sie konnte jedes Jahr Urlaub mit Sebastian buchen und hat ihm manches Extra finanziert. Verdient man mit Nageldesign so viel Geld? **Frag einmal nach.**

Als sich herumsprach, dass der Bernhardt tot aufgefunden wurde, hast du Agnes Altmeier dies bei einem Besuch im Stift erzählt. Sie reagierte sehr heftig und ist in Tränen ausgebrochen. Dies hat dich schon gewundert. Du bist daher der Meinung, dass sie schon recht dement und durcheinander war. **Erzähle den anderen davon.**

Wenn du jetzt so darüber nachdenkst: Die Agnes hat sich bei Besuchen von dir mehrmals nach dem Sebastian erkundigt. Du hast immer ganz unbedarft von ihm erzählt, aber jetzt findest du es schon seltsam. Warum hatte sie so großes Interesse an dem Jungen?
Erzähle den anderen davon.

Die Agnes hat sicher ein großes Vermögen auf dem Konto; sie hat ihre Eltern beerbt, diese hatten viel Land, welches nach und nach von Agnes verkauft wurde. Wer erbt jetzt dieses Vermögen? Wäre hier eventuell auch ein Motiv für die Tat zu suchen?
Frage in der Runde nach, ob jemand die Erben kennt.

Dr. Peter Fechner, der Leiter des Altenstiftes, führt privat ein recht kostenintensives Leben. Du kennst ihn und seine Frau aus dem Kirchenchor. Sie hat ein eigenes Reitpferd, ist im Golfclub und auch das Haus der Fechners kann sich sehen lassen. Wie kann Dr. Fechner dies finanzieren? Verdient er so gut oder hat seine Frau ein eigenes Vermögen? **Erzähle den anderen davon.**

Dein Alibi für 22:00 Uhr: Du warst von 20:00 - 21:30 Uhr mit Xaver bei der Probe vom Kirchenchor. Dr. Fechner war auch da; seine Frau nicht. Sie ist zurzeit auf Ibiza und macht Golfurlaub.
Danach ist Xaver noch zum Stammtisch gegangen.
Du bist schon nach Hause gefahren. Insofern hast du für die Tatzeit leider kein Alibi.

Nach den Ermittlungen schreibt jeder auf, wen er für den Täter hält, und später lösen wir den Fall gemeinsam auf.

Aussage Kathi Greiflinger – Nr. 4

Dass sich das Schicksal vom Bernhardt doch noch klärt ... meine Güte, damit hab ich wirklich nicht mehr gerechnet. Als der Anruf vom Kommissar Schickerl kam, war ich wirklich gleichzeitig geschockt und erleichtert. Schlimmer war es, dem Sebastian dann zu erklären, dass man seinen Vater nach über 20 Jahren tot gefunden hat. Es war ja all die Jahre nicht einfach. Kleine Jungs fragen halt viel nach dem Vater. Ich habe dem Sebastian immer ausweichend geantwortet. Was sollte ich ihm auch sagen? Dein Vater war ein Kleinkrimineller und verwand eines Tages einfach spurlos aus unserem Leben? Das ist doch keine Aussage für ein Kind. Und später hat Basti dann auch gar nicht mehr gefragt. Ich habe ihn alleine aufgezogen und ich bin stolz auf meinen Sohn. Er hat Abitur gemacht und studiert Zahnmedizin; bald hat er seinen Abschluss. Das ist wichtig, das zählt.

Ich habe den Bernhardt seinerzeit auf einem Dorffest in Miesbach kennengelernt und mich Hals über Kopf verliebt. Er wollte dann ganz schnell heiraten und ich war naiv genug, dies auch zu tun.
Einige Zeit vorher waren meine Eltern kurz hintereinander verstorben und ich hatte ein bisschen was geerbt. Das Geld hat Bernhardt in Nullkommanix durchgebracht. Es war wirklich nicht einfach mit ihm. Er verdiente nie wirklich Geld, kam nächtelang nicht nach Hause und wenn er da war, brüllte er rum oder hatte schlechte Laune. So richtig gute Zeiten hatten wir nur in den ersten 4 Wochen unserer Ehe.
Wenn ich damals nicht den Rückhalt vom Xaver und seiner Mutter gehabt hätte – ich wäre verzweifelt.
Als er dann schließlich fort war und nicht wiederkam, bin ich zwei Jahre später mit Sebastian nach Berlin gegangen. Diese Entscheidung war richtig. Wir mussten weg aus dem Dorf und ganz neu anfangen.
Ich habe Bernhardt dann viele Jahre später für tot erklären lassen und noch einmal geheiratet. Leider ist auch diese Ehe gescheitert. Ich habe aber noch einen guten Kontakt zu meinem zweiten Mann; er war ganz in Ordnung.
Insgesamt geht es mir heute recht gut. Ich habe einen wunderbaren Sohn und eine gute Arbeit. Was will man mehr?

Hinweise Kathi

Weitere Informationen für dich! Du darfst von all diesem Wissen in der Ermittlungsrunde Gebrauch machen! Wenn du etwas gefragt wirst, solltest du die Wahrheit sagen, denn du bist nicht der Täter und hast nichts zu befürchten.

Dein Mann Bernhardt war am Tag seines Verschwindens auf der Flucht. Er hat im Nachbardorf eine Bank überfallen und wurde angeschossen. Blutend und verletzt kam er gegen 19:00 Uhr nach Hause. Du hast ihn verbunden. Er verlangte, dass du ihn zu seinem Patenonkel Alois Stacher fährst. Der kleine Sebastian schlief schon; der Weg zu Alois war nicht weit. Daher hast du deinen Mann tatsächlich gefahren und den Jungen für eine halbe Stunde alleine gelassen. Unterwegs hast du in deiner Aufregung einen Unfall verursacht und bist in den Zaun eines Bauern auf der Landstraße gefahren; der Wagen blieb fahrtüchtig.
Du hast Bernhardt bei Alois abgesetzt und den Wagen auf dem Hof stehen lassen. Dann bist nach Hause gelaufen. Als du dort ankamst, war Sebastian verschwunden. Du hast sofort die Polizei angerufen und gesagt, du wärst auf dem Sofa eingeschlafen und der Junge sei nicht mehr da gewesen, als du aufgewacht bist.
Sebastian wurde dann kurz darauf auf dem Spielplatz gefunden; er war aufgewacht und ist einfach zum Spielen raus gegangen. Er hat diesen kleinen Ausflug unbeschadet überstanden!

Alois hat dir später gesagt, Bernhardt sei noch in der Nacht mit eurem Wagen weitergefahren. Du kannst dir das kaum vorstellen. Wenn er hätte fahren können, hättest du ihn nicht zum Alois bringen müssen.

Du fragst dich, wie Bernhardt von Alois' Hof auf den Gletscher geraten konnte. Alois kann man nicht mehr fragen, er ist schon lange tot. Ob sein Bruder Hubertus etwas weiß? Alois war zwar sehr viel älter als Hubertus, aber das Verhältnis der Brüder galt damals als recht innig. **Frag Hubertus doch einmal, ob er etwas dazu sagen kann.**

Warum du bisher geschwiegen hast:
Bernhardt hat damals bei dem Überfall 157.000,00 DM erbeutet. Dieses Geld hatte er in einer Sporttasche mit im Wagen; er ließ es nicht aus den Augen. Alois hat dir diese Tasche ein paar Tage nach Bernhardts Verschwinden gebracht. Er sagte, Bernhardt ginge es gut und er wolle, dass du das Geld bekommst. Es waren allerdings nur noch 127.000,00; den Rest, so Alois, habe Bernhardt für seine Zukunft genommen.
Du hast das Geld dann nach und nach ausgegeben, denn als Nageldesignerin verdienst du nicht besonders viel. Du konntest immer kleine Extras damit finanzieren. Ihr habt schöne Urlaube gemacht und als Sebastian mit 22 Jahren auszog, konntest du ihn ebenfalls unterstützen.
Als der Euro kam, hast du das Geld wochenlang in kleinen Beträgen bei verschiedenen Banken umgetauscht. Dies ging problemlos. **Wenn du danach gefragt wirst, solltest du den anderen von diesen Geschehnissen damals erzählen.**

Und noch etwas ist wichtig:
Sebastian ist nicht der Sohn von Bernhardt. Sein Vater ist Xaver Moosgruber; dies ist inzwischen unübersehbar. Du hast damals ein Verhältnis mit Xaver begonnen; er hat sich rührend um dich gekümmert, als dein Mann immer unerträglicher wurde.

Und falls du ein Alibi für die Tat an Agnes Altmeier benötigst:
Du hast alleine in der guten Stube von Xaver und Traudl gesessen und TV geguckt bis ca. 21:30 Uhr. Es lief „Pretty Woman" auf einem Privatsender. Dann bist du in dein Zimmer gegangen und hast geschlafen.

Nach den Ermittlungen schreibt jeder auf, wen er für den Täter hält, und später lösen wir den Fall gemeinsam auf.

Aussage Sebastian Moosgruber – Nr. 5

Ich bin sprachlos! All die Jahre war mein Vater verschollen. Jetzt taucht die Leiche auf und ich erfahre so ganz nebenbei, dass er adoptiert wurde. Onkel Xaver, warum hast du mir das nie erzählt? Wer waren denn seine leiblichen Eltern? Kann man das noch ermitteln? Wo komme ich denn eigentlich her?

Und warum musste Agnes Altmeier sterben? Was hat sie gewusst und wer hat sie zum Schweigen gebracht?

Ich werde keine Ruhe geben, bis das geklärt ist.
Das bin ich Agnes schuldig.

Hinweise Sebastian

Weitere Informationen für dich! Du darfst von all diesem Wissen in der Ermittlungsrunde Gebrauch machen! Wenn du etwas gefragt wirst, solltest du die Wahrheit sagen, denn du bist nicht der Täter und hast nichts zu befürchten.

Dein Studium der Zahnmedizin ist fast abgeschlossen; du studierst in Berlin.

Bis zu deinem vierten Lebensjahr hast du hier in Wulfrathshausen gelebt und den Kindergarten im Kloster Allerried besucht. Agnes Altmeier war deine Kindergärtnerin. Du hast sie in liebevoller Erinnerung. Sie hat dich stets besonders verwöhnt und sich immer sehr um dich bemüht.

Später ist deine Mutter mit dir nach Berlin umgezogen. Du hast aber regelmäßig deine Familie hier in Bayern besucht. Besonders dein Onkel Xaver hat sich immer sehr um dich gekümmert; du magst ihn.

Die Familie hat sich bezüglich deines Vaters immer sehr bedeckt gehalten; man sprach nicht gerne über ihn. Vielleicht verstehst du das jetzt etwas besser; er war wohl kein besonders angenehmer Zeitgenosse.
Es gibt mit diesen neuen Erkenntnissen aber eine wichtige Frage für dich: Deine Ähnlichkeit mit Moosgrubers ist unübersehbar. Wie ist das möglich, wenn dein Vater Bernhardt gar kein Moosgruber war?
Frage deine Mutter danach.

Was kann Agnes Altmeier von dir gewollt haben? Sie wurde mit Insulin getötet. Wer hat im Heim Zugriff auf Insulin?
Frage Mona Seegebrecht oder Dr. Fechner danach.

In Berlin führt ihr ein angenehmes Leben. Deine Mutter ist zwar *nur* Nageldesignerin, sie hat aber immer gut verdient. Sie konnte dir jedes Jahr einen schönen Urlaub bieten in guten Hotels, ihr habt in einer komfortablen Wohnung gelebt, sie hat dir den Führerschein und ein erstes Auto finanziert und sie hat dir selten einen Wunsch abgeschlagen. Mit 22 Jahren bist du in eine eigene kleine Wohnung gezogen; auch dabei hat sie dich finanziell unterstützt. **Du hast nie darüber nachgedacht, aber wie hat sie das alles finanziert**?

Der zweite Mann deiner Mutter, der Herr Greiflinger, ist ein netter Mensch. Du bedauerst, dass die Ehe in die Brüche ging. Du kannst nichts Negatives über ihn sagen.

Falls du nach einem Alibi für die Tatzeit gefragt wirst: Du warst von ca. 21:00 Uhr – 23:30 Uhr im Dorfkrug. Dort hast du auch deinen Onkel Xaver am Stammtisch gesehen.

Nach den Ermittlungen schreibt jeder auf, wen er für den Täter hält, und später lösen wir den Fall gemeinsam auf.

Aussage Mona Seegebrecht – Nr. 6

Die Frau Altmeier war sicher eine Institution in Wulfrathshausen und Umgebung. Es gibt ja wohl kaum jemanden, der nicht bei ihr im Kindergarten war. Sie lebte seit gut 3 Jahren hier im Stift, weil sie körperlich nach einem Sturz schwer eingeschränkt war. Geistig war sie lange völlig klar. In letzter Zeit aber hatte ich auch den Eindruck, dass sie zunehmend verwirrt war; da hat Frau Moosgruber schon recht.

Ich habe Frau Altmeier am Abend vor ihrem Tod wie immer versorgt. Sie war bester Laune, dies war nicht immer so mit ihr. Ich habe sie, als sie dann im Bett lag, gefragt, ob etwas Besonderes sei.
Sie schmunzelte und sagte, sie freue sich sehr auf einen Besucher am nächsten Tag. Und dass ich Augen machen würde, wen sie mir vorstellt. Auf weitere Nachfragen ist sie nicht eingegangen.

Die Nachtschwester hat später, so gegen 21:30 Uhr, noch einmal in ihr Zimmer geschaut; da schlief sie tief und fest.

Als ich sie dann am Morgen aufwecken wollte, da lag sie tot in ihrem Bett. Ich habe mich schon sehr erschrocken, aber überhaupt nicht an ein Verbrechen gedacht. In dem Alter und mit all den Erkrankungen wie Diabetes, Bluthochdruck und starker Osteoporose, da muss man schon mal damit rechnen, dass ein Bewohner des Stiftes in der Nacht überraschend stirbt.

Als dann am nächsten Tag der Sebastian Moosgruber kam und nach ihr fragte, war mir gleich klar, dass er der angekündigte Besucher ist. Leider hat Frau Altmeier auch mir nicht gesagt, was sie von ihm wollte. Ich wünschte, ich hätte intensiver nachgefragt. So nimmt sie wohl ein Geheimnis mit ins Grab.

Das Insulin kann sie sich übrigens keinesfalls selbst gespritzt haben; sie hatte keinen Zugang zu den Medikamenten. Da sie zudem auch nur noch sehr schlecht sehen konnte, wurde ihr das Insulin immer vom Pflegepersonal gespritzt.

Sie hat durch die Überdosierung wohl eine schwere Hypoglykämie, also einen Insulinschock erlitten. Ohne ärztliche Hilfe hatte sie keine Chance. Ich nehme an, sie fiel ins Koma und starb dann.

Familie hatte sie meines Wissens nicht; als Bezugsperson für Notfälle ist in ihren Papieren der Hubertus Stacher eingetragen. Den haben wir dann ja auch sofort informiert. Allerdings hatte der Herr Stacher keinerlei Vollmachten für irgendwas, die hat alle die Heimleitung.

Hinweise Mona Seegebrecht

Weitere Informationen für dich! Du darfst von all diesem Wissen in der Ermittlungsrunde Gebrauch machen! Wenn du etwas gefragt wirst, solltest du die Wahrheit sagen, denn du bist nicht der Täter und hast nichts zu befürchten.

Du arbeitest erst seit 4 Jahren hier im Stift. Aus der Stelle davor hat man dich herausgeekelt; es gab Unregelmäßigkeiten bei der Medikamentenausgabe, die man dir angelastet hat. Du warst aber absolut unschuldig und bist schließlich freiwillig gegangen.

Das Insulin steht im Pflegeheim Allerried in einem abgeschlossenen Medikamentenschrank; du kannst dir kaum vorstellen, dass hier jemand von außen Zugriff hatte. Hat jemand der anderen eventuell selbst Insulin zu Hause? **Frage danach.**

Leider bekam Agnes Altmeier wenig Besuch. Ab und zu kam der Hubertus Stacher aus München für ein paar Stunden.
Was hat der Herr Stacher mit der Agnes Altmeier zu tun gehabt? Er war auch als Notfallperson in den Heimakten eingetragen.
Frag ihn, wie es dazu kam.

Herr Stacher hatte keine weiteren Vollmachten; diese liegen alle bei der Heimleitung, Herrn Fechner.

Agnes hat am Tag vor ihrem Tod noch ein längeres Gespräch mit Dr. Fechner geführt; dies hat dir eine der Lernschwestern erzählt.
Frage Dr. Fechner, um was es bei diesem Gespräch ging. Vielleicht hat sie ihm etwas anvertraut, was für Sebastian wichtig sein könnte?

Agnes Altmeier freute sich immer über die Besuche der Ehrenamtler. Traudl Moosgruber zum Beispiel kommt wöchentlich und sie kümmerte sich auch ab und zu um Frau Altmeier.

In den Sachen von Frau Altmeier hast du ein altes Bild gefunden. Es ist ein junger, fescher Mann abgebildet. Auf der Rückseite des Bildes steht „Alois".
Heute hast du in der Zeitung das Bild vom Bernhardt Moosgruber gesehen; der Leichenfund war ja Thema in allen Gazetten. Du glaubst, eine Ähnlichkeit zwischen dem Alois auf dem Bild mit dem Bernhardt festgestellt zu haben.
Wie ist das möglich und was kann dies bedeuten? Sprich dies an.

Außerdem hat Frau Altmeier in ihrem Zimmer Ausdrucke von Wertpapieren; diese hat sie dir einmal gezeigt. Du hast sie darauf hingewiesen, dass diese nur wertlose Kopien sind. Dies wollte sie nicht glauben und hat darauf beharrt, dass sie echt sind. Vermutlich war auch dies schon ein Hinweis auf eine leichte, beginnende Demenz.
Aber woher hatte sie diese Kopien? Sprich dies an.

Die Nachtschwester hat dir erzählt, dass sie gestern Abend, gegen 22:00 Uhr ca., bei Dr. Fechner privat auf dem Festnetz angerufen hat. Das Haus der Fechners steht direkt am Heim und er hatte die Musik so laut, dass sich Heimbewohner beschwert haben. Er ging sofort an den Apparat und hat sich entschuldigt. Kurz darauf war dann Ruhe.

Dein Alibi: Du warst zur Tatzeit alleine zu Hause. Ein Alibi hast du also nicht; allerdings wirst du vermutlich auch kaum in Verdacht geraten.

Zum Fall Bernhardt Moosgruber kannst du gar nichts sagen; du bist viel zu jung. Er verschwand ja schon vor gut 20 Jahren.

Nach den Ermittlungen schreibt jeder auf, wen er für den Täter hält, und später lösen wir den Fall gemeinsam auf.

Aussage Hubertus Stacher – Nr. 8

Ich freue mich immer, hier in Wulfrathshausen bei der Traudl und dem Xaver sein zu dürfen. Eigentlich gehören wir ja gar nimmer zur Familie. Die Traudl war in erster Ehe mit meinem sehr viel älteren Bruder, dem Alois, verheiratet; dieser starb schon vor einigen Jahren. Trotzdem ist der Kontakt mit der Traudl nie abgerissen und auch mit dem Xaver, ihrem zweiten Mann, verstehen wir uns bestens.
Und meine Narisara, die haben sie auch so herzlich aufgenommen, als ich sie vor Jahren zum ersten Mal mitgebracht habe.

Die Frau Altmeier, die wollten wir in den nächsten Tagen besuchen, die Narisara und ich. Ich hab immer nach ihr geschaut, wenn wir hier zu Besuch waren. Ja, nun ist es leider zu spät. Die Heimleitung hat mich am Morgen telefonisch über ihren Tod informiert; ich war wirklich arg betroffen.

Natürlich habe ich den Bernhardt auch gekannt. Ich lebte damals ja noch hier im Ort und bin zur Ausbildung täglich nach München gependelt. Dort habe ich zu der Zeit die CPL erworben. CPL steht für Commercial Pilot Licence. Diese Lizenz ist international gültig und ich hab dann später für ein privates Reise-Unternehmen in Thailand gearbeitet. Da hab ich auch die Narisara kennengelernt; wir waren im gleichen Unternehmen angestellt, welches Ausflüge für Urlauber organisiert mit dem Heli.
Ja, und seit ein paar Jahren leben wir nun wieder in München und ich arbeite als Rettungsflieger.
Wir wären gerne noch in Thailand geblieben, aber aus gesundheitlichen Gründen sind wir zurückgekommen.
Die Narisara hat Zucker; da ist sie hier in Deutschland besser mit aufgehoben.

Hinweise Hubertus

Weitere Informationen für dich! Du darfst von all diesem Wissen in der Ermittlungsrunde Gebrauch machen! Wenn du etwas gefragt wirst, solltest du die Wahrheit sagen, denn du bist nicht der Täter und hast nichts zu befürchten.

Dein verstorbener Bruder Alois hat den Hof der Eltern übernommen und dich damals ausgezahlt. Mit diesem Geld konntest du die Hubschrauberausbildung absolvieren. Das Verhältnis zu Alois war, obwohl er sehr viel älter war, sehr eng.

Alois hat dir einst gebeichtet, viele Jahre ein Verhältnis mit Agnes Altmeier gehabt zu haben.

Agnes hat damals heimlich ein Kind von Alois bekommen. Während Alois die Agnes heiraten und das Kind großziehen wollte, hat Agnes dies abgelehnt und den Jungen zur Adoption freigegeben. Der Kleine lebte zunächst 4 Jahre im Heim vom Kloster Allerried; dann wurde er von den Eheleuten Moosgruber adoptiert. Niemand im Dorf wusste, dass Agnes und Alois die leiblichen Eltern von Bernhardt Moosgruber waren.

Alois war in der Folge sehr unglücklich. Er hat sich immer viel um Bernhardt gekümmert und wurde auch sein Taufpate. Leider entwickelte Bernhardt sich schlecht. Die Heimjahre hat er nie verwunden. Er war unzuverlässig und wurde zunehmend kriminell. Alois hat sich wegen dem Heimaufenthalt und der Adoption immer Vorwürfe gemacht und er versuchte stets, Bernhardt aus jeder Patsche zu helfen.

In einer Septembernacht vor 20 Jahren bat Alois dich telefonisch verzweifelt um Hilfe. Du bist zu ihm auf den Hof gefahren; Bernhardt lag mit einer Verletzung bei Alois in der Scheune. Die Verletzung schien auf den ersten Blick nicht schwer zu sein. Er war bei Bewusstsein, die Wunde verbunden. Alois hat dich angefleht, Bernhardt mit dem Hubschrauber nach Österreich zu einem Arzt auszufliegen. Auf deine Nachfrage haben beide ausgeschlossen, ein Krankenhaus in der Nähe aufzusuchen. Schließlich hat Bernhardt dir 30.000,00 DM für den Flug geboten; dieses Angebot konntest du nicht ausschlagen. Er hat dir das Geld direkt in bar gegeben.

Du hattest Zugang zu einem in der Nähe stationierten Ausbildungs-Hubschrauber, hast diesen aus dem Hangar geholt und Bernhardt aufgenommen. Auf dem Flug nach Österreich verstarb dieser ganz plötzlich; du konntest keinen Atemzug mehr feststellen bei deinem Passagier. Du hast ihn schließlich über dem Gletscher aus dem Hubschrauber abgeworfen. Am nächsten Tag hast du Alois alles erzählt. Ihr habt beschlossen, dieses Geheimnis zu hüten und niemals darüber zu sprechen. Seither galt Bernhardt als verschollen.

Einen Tag nach dem Flug damals hast du in der Zeitung gelesen, dass die Sparkasse in einem Nachbarort überfallen worden war und ein Polizist einen Schuss auf den Täter abgegeben hat; dieser konnte trotzdem entkommen. Du bist sicher, dass Bernhardt die Sparkasse überfallen hat und angeschossen wurde.

Als Xavers Mutter (also Bernhardts Adoptivmutter) viele Jahre später im Sterben lag, hast du sie besucht und ihr gesagt, was mit Bernhardt passiert ist. Du wolltest, dass sie in Ruhe sterben kann und ihren Seelenfrieden findet, denn sie hat all die Jahre sehr unter der Ungewissheit, was aus Bernhardt geworden ist, gelitten.

Eben hast du nun erfahren, dass Bernhardt gar nicht tot war, als du ihn abgeworfen hast. Er starb an inneren Verletzungen, verursacht durch den Sturz aus großer Höhe. Das war ein Schock für dich!

Als Alois starb, hast du ihm am Totenbett versprochen, dich ab und zu um Agnes zu kümmern. Dies hast du getan; auf diese Weise wurdest du auch als Notfallperson in ihren Akten im Kloster Allerried eingetragen.

Die Vermögenssorge wollte sie dir auch antragen, sie war nach eigener Aussage sehr wohlhabend. Dies hast du damals aber abgelehnt; du warst ja nicht regelmäßig vor Ort und du verstehst auch zu wenig von Geldanlagen. Das Vermögen von Agnes wird daher von Dr. Peter Fechner verwaltet.

Dein Alibi: Du warst in der Tatnacht, als Agnes Altmeier mit Insulin vergiftet wurde, früh im Bett. Narisara hat noch TV geguckt.
Wer erbt jetzt eigentlich das Vermögen von Agnes? Frage danach.

Nach den Ermittlungen schreibt jeder auf, wen er für den Täter hält, und später lösen wir den Fall gemeinsam auf.

Aussage Narisara Tantschid – Nr. 8

Ich lebe seit 10 Jahren mit Hubertus zusammen; wir haben uns in Thailand kennengelernt. Dort war ich in dem Office beschäftig, in dem man Hubschrauber-Rundflüge buchen konnte, die Hubertus dann geflogen ist.

Wenn ein Europäer eine Partnerschaft mit einer Thailänderin eingeht, ist es wichtig, unsere Mentalität zu verstehen. Hubertus kann das sehr gut. In unserer Kultur ist das Wahren des Gesichtes ein zentrales Thema. Außerdem muss ein Mann die komplette Familie kennenlernen, wenn er ernste Absichten hat.

Ich habe viele Brüder und Schwestern und meine Eltern leben auch noch. Hubertus kennt und liebt sie alle.
Familie hat für mich großen Stellenwert. Deshalb kommen wir auch immer so gerne her, zu Traudl und Xaver.
Traudl ist ja so eine Art Rest der Familie für Hubertus; alle anderen sind tot. Das ist traurig, aber er hat ja mich.

Dieses Jahr ist es natürlich nicht so schön, mit zwei Todesfällen. Aber wenn alle zusammenhalten, werden wir auch das überstehen. Das ist ganz sicher!

Hinweise Narisara

Weitere Informationen für dich! Du darfst von all diesem Wissen in der Ermittlungsrunde Gebrauch machen! Wenn du etwas gefragt wirst, solltest du die Wahrheit sagen, denn du bist nicht der Täter und hast nichts zu befürchten.

Du bist Diabetikerin und musst Insulin spritzen. Auch dies war ein Grund, Thailand zu verlassen und nach Deutschland zu ziehen. Hier ist die ärztliche Versorgung deutlich besser. Insulin hast du immer in Vorrat zu Hause im Badezimmer.

Was dir aufgefallen ist:
Hubertus ist, seit Kommissar Schickerl eben die Einzelheiten zu Bernhardts Obduktionsberichtet bekannt gegeben hat, sehr nachdenklich.
Frage ihn, warum ihm die beiden Todesfälle so nahe gehen.
Er hatte doch weder zu Bernhardt noch zu Frau Altmeier eine enge Bindung, oder? Und warum war Hubertus als Notfallperson für Frau Altmeier im Heim notiert?

Gestern hast du alleine eine Wanderung zum alten Hof der Familie Stacher unternommen. Nach Alois Tod ist dieser damals von Traudl, seiner Witwe, an einen Münchner verkauft worden. Jetzt steht der Hof wieder zum Verkauf. Du überlegst, ob die Immobilie etwas für euch wäre. Hubertus würde sich vielleicht darüber freuen, einen Alterssitz in Wulfrathshausen zu haben.
Frag Hubertus, was er von dieser Idee hält.
Der Hof ist zwar ziemlich heruntergekommen, aber wenn ihr das Haus nach und nach restauriert, wird er bestimmt wieder ein Prachtstück.
Du hast dich gründlich umgesehen. Hinter dem Hof ist ein Weiher; dieser führt im Moment nur wenig Wasser. In diesem Weiher hast du ein Autodach entdeckt. Wurde dort ein Wagen versenkt?
Frage Hubertus, ob er etwas darüber weiß.

Du hast auf dem Hof in der Scheune einen Karton mit alten Bildern gefunden. Es ist ein sehr altes, wunderschönes Porträtbild dabei. Das Bild zeigt ein Ehepaar; du nimmst an, es zeigt die Eltern von Alois und Hubertus. Der Mann auf dem Bild sieht dem Bernhardt Moosgruber sehr ähnlich; sein Bild ging ja in den letzten Tagen durch alle Zeitungen. **Was kann dies bedeuten?**

Agnes Altmeier hat, so hat es der Kommissar eben ausgesagt, auch einmal ein Kind entbunden. Dieses Kind müsste heute sicher auch schon zwischen 50 und 60 Jahre alt sein. Was kann mit diesem Kind passiert sein? Weiß denn wirklich niemand etwas darüber? Agnes hat doch immer hier im Ort gelebt.
Frage, ob jemand eine Vermutung hat.

Dein Alibi: Du hast kein Motiv, Frau Altmeier etwas anzutun. Trotzdem kann es sein, dass du nach einem Alibi gefragt wirst. Hubertus war zur Tatzeit schon im Bett und schlief. Du hast noch bis 24:00 Uhr TV im Wohnzimmer der Ferienwohnung geguckt. Es lief ein Tatort aus München. Gegen 21:50 Uhr hast du die Haustüre gehört; Traudl ist nach Hause gekommen. Du kannst sie an ihrem Schritt erkennen, wenn sie die Treppe hinaufgeht. Traudl war aber alleine. Wo Xaver war, weißt du nicht.

Nach den Ermittlungen schreibt jeder auf, wen er für den Täter hält, und später lösen wir den Fall gemeinsam auf.

Aussage Dr. Peter Fechner – Nr.9

Zunächst möchte ich mein Bedauern ausdrücken. Ich leite das Pflegeheim Allerried jetzt schon weit über 20 Jahre und bin immer für meine Bewohner erreichbar. Privatleben kenne ich gar nicht! So ein Fall ist mir bisher nicht vorgekommen. Ich kann auch noch gar nicht glauben, was die Pathologie da herausgefunden haben will. Für mein Pflegepersonal lege ich die Hand ins Feuer. Ich bin sicher, dass Frau Agnes Altmeier nicht von unserer Hand starb; also durch unser Personal.

Unser Haus steht jedem Besucher offen. Wer also wusste, in welchem Zimmer Frau Altmeier schläft, der konnte sich sicher unbemerkt Zutritt verschaffen und die Tat begehen. Natürlich immer vorausgesetzt, er verfügt über Insulin. Nachts gibt es ja auch nur eine Nachtschwester und den Pförtner am Portal; diese beiden können unmöglich die gesamte Station übersehen. Damit sich sowas nicht wiederholt, habe ich bereits Kameras im Eingangsbereich veranlasst und auf den Fluren. Sicher ist sicher.

Nun zu meiner Person: In meiner Freizeit fahre ich seit gut 12 Jahren leidenschaftlich Heißluftballon. Gerade im Winter sind Fahrten im Heißluftballon ja sowas von faszinierend und außergewöhnlich. Die Luft ist oft klarer als in den Sommermonaten und die Sichten reichen meist bis zum Horizont. Bei meinem letzten Ausflug habe ich dann die Leiche im Gletscher entdeckt. Das Eis ist ja sehr zurückgegangen in den letzten Jahren; vermutlich war der Körper lange Zeit vom Schnee bedeckt und wurde jetzt, durch den Klimawandel, freigegeben.

Wie dann bei unserem geschätzten Herrn Bürgermeister die Annahme entstand, es könne sich um einen Ötzi handeln, also um eine sehr alte Eismumie; meine Güte, das kann ich Ihnen auch nicht sagen. Ich habe jedenfalls bei der Polizei eine Gletscherleiche gemeldet und die Koordinaten durchgegeben. Und dann bin ich weitergefahren. Ich muss ja das Gas berechnen und kann nicht stundenlang in der Luft bleiben.

Also, wenn Sie Fragen haben, stellen Sie diese. Ich bin gerne für Sie da ... Aber nur begrenzt.
Dann muss ich zurück ins Stift. Und Sie Frau Seegebrecht auch. Oder haben Sie heute frei?

Hinweise Dr. Peter Fechner

Weitere Informationen für dich! Du darfst von all diesem Wissen in der Ermittlungsrunde Gebrauch machen! Wenn du etwas gefragt wirst, solltest du geschickt antworten, denn du bist heute der Täter und hast somit einiges zu befürchten.

Agnes Altmeier war ursprünglich sehr vermögend. Sie hat über eine Million Euro besessen, verteilt auf mehrere Konten. Du hast diese Konten für sie verwaltet und im Laufe der Jahre einiges für dich privat abgezweigt. Deine Frau liebt Kontakte zur „gehobenen Gesellschaft" und stellt hohe Ansprüche. So wollte sie zum Beispiel unbedingt ein Reitpferd, in den Golfclub und der Bau eures Hauses hat dich fast ruiniert. Das Geld von Frau Altmeier sollte allerdings nur „geborgt" sein. Du hast den Rest ihres Vermögens in Aktien investiert und wolltest alles zurückzahlen.
Leider warst du nicht sehr geschickt im Umgang mit den Geldanlagen; zum Schluss war nur noch eine Summe von 30.000,00 Euro übrig. Sogar die Kosten für die Unterbringung von Frau Altmeier im Heim waren auf Dauer kaum mehr finanzierbar.

Agnes selbst hat regelmäßig nach ihren Geldern gefragt. Du hast ihr dann immer selbst erstellte Zertifikate vorgelegt; diese zu fälschen und auszudrucken war sehr einfach.

Nach dem Fund der Leiche von Bernhardt Moosgruber bat Agnes dich um ein Gespräch. Sie war sehr mitgenommen und traurig; wolle dir aber den Grund nicht sagen. Sie sagte dir, sie wolle 500.000,00 Euro von ihrem Vermögen an Sebastian Moosgruber überschreiben. Du hast ihr dringend abgeraten, aber sie blieb unnachgiebig. Sie wollte dem jungen Mann das Geld überlassen und ihn auch im Testament als Haupterben für die Restsummen einsetzen. (Bisher ist das Kloster ihr Erbe)
Am Tag vor ihrem Tod erklärte sie dir, Sebastian würde sie am nächsten Tag besuchen. Dann würde sie gemeinsam mit ihm zu dir kommen und die Transaktion besprechen.

Du musstest befürchten, dass deine Unterschlagungen nun auffliegen und hast Agnes Altmeier in der Nacht mit einer Überdosis Insulin getötet.

Dein Alibi: Du warst von 20:00 - 21:30 Uhr mit Traudl und Xaver bei der Probe vom Kirchenchor. Deine Frau, die sonst auch mit im Chor singt, macht zurzeit Golfurlaub auf Ibiza. Danach bist du nach Hause gegangen; euer Haus steht direkt am Pflegeheim des Klosters. Du hast im Haus Licht gemacht, die Musik sehr laut gestellt, die Fenster geöffnet und dein Festnetz auf das Handy umgeleitet. Dann bist du rüber ins Heim gelaufen, um der schlafenden Agnes das Insulin zu verabreichen, welches du schon am Morgen aus dem Medikamentenschrank entnommen hast. Du warst gerade bei Agnes im Zimmer, als die Nachtschwester dich auf der Privatnummer (aufs Handy umgeleitet) anrief. Es gab eine Beschwerde über die Lautstärke deiner Musik. Darauf hast du gehofft. Du bist nach der Tat sehr schnell zurück ins Haus gelaufen und hast die Musik wieder leise gestellt. Wenn du also verdächtigt wirst, verweise auf den Anruf auf deiner Privatnummer zur Tatzeit.

Wie du von dir ablenken kannst:
Warum war ausgerechnet Hubertus Stacher als Notfallperson für Agnes notiert? **Welches Geheimnis steckt dahinter?**

Warum wollte sie Sebastian als Haupterben einsetzen? Du kannst den anderen sagen, dass dies ihre Pläne waren.
Erzähle den anderen, dass Agnes Altmeiers Vermögen niemals groß war und dass das meiste Geld schon für die jahrelange Heimunterbringung verwendet wurde.
Mona Seegebrecht arbeitet seit 4 Jahren hier. Vorher hatte sie Probleme in einer anderen Einrichtung; es gab wohl Unregelmäßigkeiten bei der Verwaltung von Medikamenten. **Sprich dies an.**
Behaupte, Traudl Moosgruber habe sich immer besonders nach Agnes erkundigt. Dies ist zwar nicht richtig, stiftet aber Verwirrung.

Xavers Mutter (Bernhardts Adoptivmutter) lebte in ihrem letzten Jahr auch im Pflegeheim Allerried. Sie wurde am Vorabend ihres Todes von Hubertus Stacher besucht. Dies weißt du noch so genau, weil dir die sterbende Frau Moosgruber nach diesem Besuch sagte, sie könne jetzt in Frieden heimgehen. Was kann Hubertus ihr erzählt haben? **Frage ihn gleich einmal danach.**

Wenn du es geschickt anstellst, wirst du kaum in Verdacht geraten. **Bitte gib auf keinen Fall ein Geständnis** ab; der Fall soll ja spannend bleiben bis zur Auflösung!

Makaber:
Wenn du geahnt hättest, dass die Leiche vom Ferntaler und Frau Altmeier irgendwie miteinander zu tun haben, hättest du den Leichenfund sicher nicht gemeldet! Aber hernach ist man immer schlauer, gell?

Nach den Ermittlungen schreibt jeder auf, wen er für den Täter hält, und später lösen wir den Fall gemeinsam auf.

Susi Hosenbein – Nr. 10

Ich bin Susi Hosenbein und arbeite schon ewig lang für unseren Bürgermeister. Ja mei, da ist immer was zu tun. Die Agnes Altmeier, die kennt jeder hier im Ort. Ich glaube, es gibt nicht ein einziges Kind, das nicht im Kindergarten bei ihr war. Sie war immer so eine liebe Person.
Ihr Ende ist wirklich grauselig ...
Wer kümmert sich da jetzt eigentlich um die Beerdigung?
Sie hatte doch gar keine Nachkommen!

Hinweise Susi:
Weitere Informationen für dich! Du darfst von all diesem Wissen in der Ermittlungsrunde Gebrauch machen! Wenn du etwas gefragt wirst, solltest du die Wahrheit sagen, denn du bist nicht der Täter und hast nichts zu befürchten.

Der Bernhardt Moosgruber war ein krummer Hund; dies war im Dorf allgemein bekannt. Seine Adoptivmutter und der Xaver haben damals viel mitgemacht. Vermutlich waren sie sogar recht froh, als er aus ihrem Leben verschwand.
Dies kannst du ruhig einmal ansprechen.

Und auch die Kathi war erleichtert, dies hat man ihr damals deutlich angemerkt. Die beiden führten keine glückliche Ehe, soviel steht fest. Die Ähnlichkeit zwischen Sebastian und der Moosgruber-Familie ist unübersehbar. Wenn nun aber der Bernhardt Moosgruber gar kein richtiger Moosgruber, sondern ein adoptierter Sohn ist, wie ist dies dann zu erklären?

Der Sebastian hat dir erzählt, dass seine Mutter und er in Berlin ein recht komfortables Leben führen. Kathi ist Nageldesignerin. Kann man mit Nageldesign so viel verdienen? **Frag sie doch einmal danach**. Vielleicht lohnt sich eine Umschulung für dich.
Warum war wohl ausgerechnet der Hubertus Stacher als Notfallperson für die Agnes Altmeier eingesetzt? Bestand da eine engere Verbindung zwischen den beiden?
Auch dieses solltest du einmal nachfragen.

Du kennst die Familie Stacher ganz gut seit Kindertagen. Die Kathi hat dir ein altes Foto vom Bernhardt gezeigt. Der adoptierte Bernhardt sieht den Stachers wirklich ähnlich. Was kann dies nun wieder bedeuten?

Eine alte Schulfreundin hat dir einmal erzählt, sie habe im Sommer auf dem Stacher-Hof im Weiher ein Autodach entdeckt. Später bist du auch einmal dort vorbei geradelt; gesehen hast du nichts.

Es ist aber durchaus möglich, dass im Sommer durch eine längere Trockenzeit der Wasserstand deutlich niedriger war. Deine Freundin jedenfalls war fest davon überzeugt, dass dort ein Auto versenkt wurde. **Sprich dies einmal an.**

Nach den Ermittlungen schreibt jeder auf, wen er für den Täter hält, und später lösen wir den Fall gemeinsam auf.

Aussage Neutraler Beobachter
(bitte als letzter in der Runde vortragen)

Ich nehme als Sonderermittler an dieser Runde teil und darf mir frei aussuchen, bei welcher Person ich mit in den Geheimtext schauen darf.
Die Auswahl muss sich allerdings auf eine Person beschränken.
Ich kann diese Person beraten und mich ansonsten ganz normal an den Ermittlungen beteiligen.
Wenn meine Wahl zufällig auf die Täterin oder den Täter fällt und ich auf diese Weise vorab erfahre, wer schuldig ist, stehe ich selbstverständlich unter Schweigepflicht.
Den Täter werde ich also keinesfalls verraten!

Hinweise Neutraler Beobachter
Weitere Informationen für dich! Du darfst von all diesem Wissen in der Ermittlungsrunde Gebrauch machen! Wenn du etwas gefragt wirst, solltest du die Wahrheit sagen, denn du bist nicht der Täter und hast nichts zu befürchten.

Du hast im Vorfeld gewählt und dich für eine Person entschieden, mit welcher du in der Ermittlungsrunde zusammenarbeiten wirst.
Solltest du zufällig den/die Täter/in gewählt haben: Denke an die Schweigepflicht.
Lasst euch in diesem Falle nichts anmerken und versucht gemeinsam, den Verdacht auf andere Personen zu lenken.

Ansonsten gilt:
Fast alle Mitspieler haben größere und kleinere Geheimnisse und genau diese gilt es, heraus zu finden.
Oft gehen gute Ermittlungsansätze im Gespräch unter, weil neue Vorwürfe laut werden und das bereits Gesprochene in Vergessenheit gerät.

Höre also genau hin und versuche, jeder Aussage wirklich auf den Grund zu gehen.
Fertige Notizen an, wenn du etwas wichtig erachtest.

Bedenke: Viele Morde sind Beziehungstaten und geschehen aus Eifersucht oder verschmähter Liebe. Aber auch Angst, Gier, Neid, Hass oder Rache darf als Motiv nicht unterschätzt werden.

Der springende Punkt ist: **Wer hatte wirklich ein Motiv für die Tat und wer hatte die Gelegenheit?**

Nach den Ermittlungen schreibt jeder auf, wen er für den Täter hält, und später lösen wir den Fall gemeinsam auf.

Auflösung „Ötzi“

Den Fall des zu Tode gekommenen Bernhardts haben Sie vermutlich bereits geklärt: Bernhardt hat seinerzeit eine Bank überfallen; er wurde auf der Flucht angeschossen, entkam aber trotzdem bis zu Hause. Seine Frau Kathi hat ihn verbunden und ihn dann, auf seinen Wunsch hin, zu Alois auf den Hof gefahren. Alois war ja immer für ihn da; er erhoffte sich hier Hilfe.
Alois bat seinen Bruder Hubertus um Hilfe; dieser flog Bernhardt in der Folge mit dem Heli aus. Geplant war, ihn in Österreich abzusetzen; dort wartete wohl ein Arzt, der keine Fragen stellte.
Unterwegs starb Bernhardt – so nahm es Hubertus jedenfalls an. In seiner Not hat er die vermeintliche Leiche über dem Gletscher abgeworfen.
Erst jetzt hat sich herausgestellt, dass Bernhardt nur in tiefe Bewusstlosigkeit gefallen war; er starb tatsächlich an den Folgen des Sturzes.
Dieses fällt unter die Rubrik der fahrlässigen Tötung und diese Tat ist verjährt. Hubertus hat rein rechtlich also nichts mehr zu befürchten.

Durch die Ermittlungen nun stellte sich aber heraus, dass Bernhardt der Sohn von Alois Stacher und Agnes Altmeier war. Agnes Altmeier hat also angenommen, dass der Sebastian Moosgruber ihr leiblicher Enkel ist. Sie wollte dem Sebastian daher eine große Summe ihres Vermögens überlassen.

Ist hier das Motiv zu suchen für den Mord an Agnes?
Und wer hat Zugang zur Tatwaffe, dem Insulin?

Narisara spritzt Insulin, aber sie hat kein Motiv, der Agnes etwas anzutun.
Hubertus ist ebenfalls nicht verdächtig; warum hätte er Agnes töten sollen? Er ist lediglich als die Person eingetragen, die in Notfällen informiert wird, wenn der Agnes etwas zustößt. Auf ihr Vermögen hat er keinen Zugriff und Agnes wusste auch nicht, dass Hubertus

ihren Sohn aus dem Heli geschupst hat. Sie hätte ihn also auch nicht verraten können wegen der Sache damals.
Bei **Moosgrubers** und bei **Mona Seegebrecht** sehe ich ebenfalls kein Tatmotiv.
Der einzige, der ein Motiv haben könnte, ist **Dr. Fechner**: Er ist der Vermögensverwalter von Agnes. Wir wissen, dass Agnes am Tag vor ihrem Tod ein längeres Gespräch mit Dr. Fechner geführt hat. Wir wissen, dass er Zugriff auf Insulin hat. Wir wissen aus der Vorgeschichte, dass Dr. Fechner sein Telefon via Rufumleitung vom Festnetz auf das Handy schalten kann. Sein Alibi, dass er zur Tatzeit laut Musik gehört hat, ist somit hinfällig.

Tatsächlich ist folgendes passiert:
Agnes Altmeier war ursprünglich sehr vermögend. Sie hat über eine Million Euro besessen, verteilt auf mehrere Konten. Dr. Fechner hat diese Konten für sie verwaltet und im Laufe der Jahre einiges privat abgezweigt. Seine Frau liebt Kontakte zur „gehobenen Gesellschaft" und stellt hohe Ansprüche. So wollte sie zum Beispiel unbedingt ein Reitpferd, in den Golfclub und der Bau des Hauses hat ihn fast ruiniert. Das Geld von Frau Altmeier sollte nur „geborgt" sein; so war sein Vorsatz.
Dr. Fechner hat den Rest von Agnes' Vermögen in Aktien investiert und hoffte, so alles zurückzahlen zu können. Leider war er nicht sehr geschickt im Umgang mit den Geldanlagen; zum Schluss war nur noch eine Summe von 30.000,00 Euro übrig. Sogar die Kosten für die Unterbringung von Frau Altmeier im Heim waren auf Dauer kaum mehr finanzierbar.
Agnes selbst hat regelmäßig nach ihren Geldern gefragt. Dr. Fechner hat ihr dann immer am PC selbst erstellte Zertifikate vorgelegt; diese zu fälschen und auszudrucken war sehr einfach.
Nach dem Fund der Leiche von Bernhardt Moosgruber bat Agnes ihn um ein Gespräch. Sie war sehr mitgenommen und traurig, wollte den Grund aber nicht sagen. Sie sagte Dr. Fechner, sie wolle 500.000,00 Euro von ihrem Vermögen an Sebastian Moosgruber überschreiben. Dr. Fechner hat ihr dringend abgeraten, aber sie blieb unnachgiebig. Sie wollte dem jungen Mann das Geld überlassen und ihn auch im

Testament als Haupterben für die Restsummen einsetzen, denn sie nahm ja an, dass Sebastian ihr leiblicher Enkel ist. Dass Sebastian in Wirklichkeit ein Moosgruber ist, wusste sie natürlich nicht.
Am Tag vor ihrem Tod erklärte sie Dr. Fechner, Sebastian würde sie am nächsten Tag besuchen. Dann würden sie gemeinsam mit ihm die Transaktion besprechen.
Dr. Fechner musste handeln, damit seine Unterschlagung nicht auffliegt. Nach der Chorprobe stellte er die Musik in seinem Haus so laut, dass Beschwerden aus dem nahen Heim sicher waren. Dann schaltete er sein Festnetz auf Rufumleitung und beging der Mord an Agnes Altmeier. Da sein Haus in direkter Nachbarschaft zum Kloster steht, sind die Wege kurz. Er schaffte es, die Tat zu begehen und zeitnah zum Beschwerdeanruf die Musik wieder leise zu stellen.

Und was wurde aus dem Geld aus dem Banküberfall und aus dem Wagen, den Kathi damals auf dem Hof von Alois hat stehen lassen?
Den Wagen hat Alois im Weiher am Haus versenkt; Narisara hat ihn bei ihrem Besuch in den letzten Tagen entdeckt.

Und die 157.000,00 DM vom Banküberfall? Alois hat der Kathi damals, nach dem Verschwinden vom Bernhardt, eine Tasche mit 127.000,00 DM gebracht.
30.000,00 DM hat ja der Hubertus für den Flug mit dem Heli bekommen.
Mit diesen 127.000,00 DM hat Kathi ihr Leben mit Sebastian verschönert. Sie hat viele Extras damit bezahlt.

Schlusswort – Wie es mit allen weiterging:
Hubertus und Narisara standen vor dem alten Stacher-Hof und sahen sich um.
„Und, was meinst du?“, fragte Narisara. „Wäre das nicht eine Aufgabe für uns beide, wenn du bald in Rente gehst? Wir könnten es uns hier so richtig schön machen! Und jetzt, nachdem die Ermittlungen gegen dich wegen der Verjährung eingestellt worden sind, da könnten wir den Hof kaufen und als Alterssitz wieder hübsch herrichten!“

Hubertus nickte stumm. Am Morgen war er am Grab des inzwischen beigesetzen Bernhardts gewesen und hatte Blumen abgelegt. An der Schuld, Bernhardt durch den Abwurf ums Leben gebracht zu haben, würde er noch lange tragen. Rechtlich war er frei, aber so einfach abschütteln konnte er die Vorgänge von damals nicht.
„Ich werde es überlegen“, sagte er schließlich und legte den Arm um seine Narisara. „Wir schauen einfach und entscheiden in Ruhe.“
Dann setzten sich die beiden auf eine Bank vor dem Haus und genossen die Abendsonne.

Xaver Moosgruber unterzeichnete die Adoptionsurkunde, die Sebastian nun auch offiziell zu seinem Sohn machte, mit einem glücklichen Lächeln. Er war froh, dass Sebastian und auch Kathi zugestimmt hatten, das Verhältnis zwischen Vater und Sohn zu legalisieren.
„Ich habe mich dir ja immer so nahe gefühlt“, hatte Sebastian ihm erklärt, als sie am Abend vorher noch mit Traudl und Kathi zusammen in der guten Stube gesessen hatten. „Jetzt weiß ich endlich auch, warum.“
„Was bin ich jetzt eigentlich für den Basti?“, hatte Traudl gefragt und in die Runde geschaut.
„Der Alois war Bernhardts Vater; der Bernhardt aber nicht der Vater vom Sebastian. Du warst Alois erste Frau. Wenn der Sebastian also vom Bernhardt gewesen wäre, dann wärst du die Stiefoma gewesen. Jetzt, wo der Sebastian auch offiziell der Sohn vom Xaver wird und du die Frau vom Xaver bist, bist du die Stiefmutter vom Sebastian!“, stellte Kathi nach kurzer Überlegung fest.

„Was für ein Durcheinander! Aber es gefällt mir“, hatte Traudl zufrieden festgestellt. „Stiefmutter klingt viel besser als Stiefoma. Da habe ich mich sozusagen um eine ganze Generation verbessert!“

Mona Seegebrecht setzte sich mit leichter Aufregung an den neuen Schreibtisch. Nach dem spurlosen Verschwinden von Dr. Fechner hatte der Vorstand des Klosters sie zur neuen Leiterin des Altenheims befördert. Es gab eine Menge Dinge zu recherchieren und zu regeln – auch im Bezug auf das Vermögen der verstorbenen Frau Altmeier. Einen Teil des unterschlagenen Geldes würde sie über das Reitpferd und das Haus der Fechners zurückholen. Das Kloster war schließlich Erbe des Vermögens von Agnes Altmeier und Mona war entschlossen, einen guten Job zu machen und Agnes Altmeiers Vermächtnis dem entsprechenden Zweck zuzuführen.

Für eine Alpenüberquerung im Heißluftballon muss sich eine sogenannte Nordföhnlage einstellen. Wegen dieser besonderen Wind- und Thermikbedingungen kommen für eine Alpenüberquerung nur die Monate Oktober bis Anfang April infrage! Dr. Fechner hatte also Glück gehabt, als er den Ballon bestiegen hatte. Dieser trug ihn jetzt erneut über den Gletscher, auf dem er die Leiche vom Bernhardt Moosgruber entdeckt hatte. Wenn er auch nur geahnt hätte, welche Konsequenzen dieser Fund nach sich gezogen hatte; er hätte die Leiche Leiche sein lassen und niemals eine Meldung gemacht.
Dr. Fechner sah noch einmal nach unten, dann setze er die Fahrt fort in eine ungewisse Zukunft.

Autorenportrait

Cornelia H.-Müller ist seit 2006 als Autorin tätig.
Ihr Genre sind Mitspielkrimis, Kinderspielgeschichten und Theaterstücke.

Autorenkontakt über glashauskrimi@glashauskrimi.de

Besuchen Sie Cornelia H.-Müller auf ihrer Homepage:
www.glashauskrimi.de

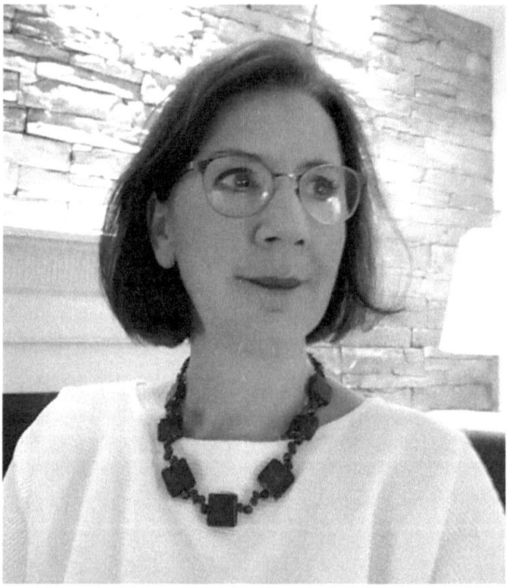

Weitere Bücher von Cornelia H.-Müller, erschienen im Edition Paashaas Verlag:

Krimiparty:
5 neue Fälle für Ihre Ermittlungen zu Hause

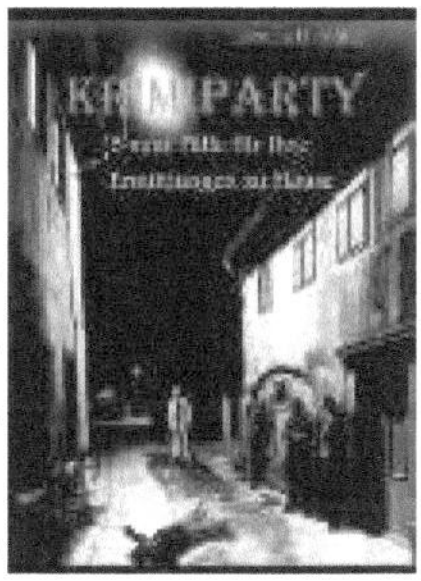

ISBN: 978-3-9813928-8-3, Preis: 13,95€

Entdecken Sie Ihren kriminalistischen Spürsinn! Mithilfe dieses Buches können Sie zu Hause gemeinsam mit Ihren Familienmitgliedern und Gästen auf Tätersuche gehen. Sie ermitteln und befragen, Sie bewerten Tatsachen und Aussagen und Sie finden schließlich heraus, wer der Täter oder die Täterin ist.

Diese Krimis finden Sie in dem Buch:
Irrtum oder Absicht? - Für 5-7 Spieler
Mord in bester Gesellschaft- Für 6 Spieler
Muttertag - Für 8-10 Spieler
Mann über Bord - Für 7-10 Spieler
Feine Verhältnisse! - Für 7-10 Spieler

Krimiparty Sonderausgabe 1: Plötzlich und erwartet

ISBN: 978-3-942614-25-2, Preis: 7,95€

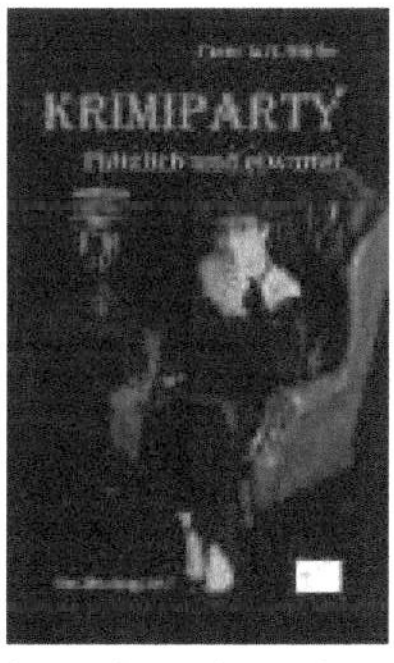

Karl-Friedrich von Staffelberg lädt seine Familie und einige Freunde zu einem feierlichen Weihnachtsessen ein. Zum ersten Mal ist in diesem Jahr auch Karl-Friedrichs frischangetraute dritte Ehefrau, die junge und schöne Jaqueline, dabei. Dies wäre kaum erwähnenswert, stünden nicht auch die beiden Ex-Ehefrauen des Fabrikanten, Irene und Monika, auf der Gästeliste. Zu alledem sieht sich der Gastgeber am Weihnachtsabend mit wirklich ärgerlichen Indiskretionen konfrontiert! Dennoch endet das Fest ganz harmonisch, doch am nächsten Morgen gibt es einen Toten in der Villa zu beklagen ...

Krimiparty Sonderausgabe 2:
Workshop mit Todesfolge

Ein Krimi aus dem Allgäu.

ISBN: 978-3-942614-39-9, Preis: 7,95€

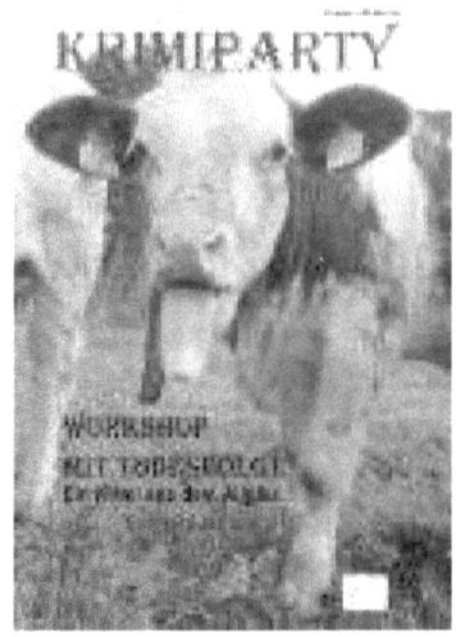

Toni Burger führt gemeinsam mit seiner Frau Zenzia einen einsam gelegenen Sennerhof inmitten des wunderschönen Allgäus. An einem Wochenende trifft sich dort oben auf 1800 m eine recht gemischte Reisegruppe, um mit einem Fasten- und Meditationsprogramm dem Alltag, zumindest für kurze Zeit, zu entfliehen. Ganz so friedlich wie die Wollschweine, die der Toni züchtet, ist die Gegend allerdings nicht, denn schon am zweiten Tag gibt es einen Toten zu beklagen. Warum dieser sterben musste, was ein Wollschwein-Workshop unter Männern damit zu tun hat und warum ein Sylter Strandkorb auf einem Sennerhof im Allgäu steht ... dies herauszufinden, wird Ihre Aufgabe sein.

Krimiparty Sonderausgabe 3: Die Rache

A Thriller – für Ladies only.

ISBN: 978-3-942614-41-2, Preis: 7,95 €

Die Rache ist süß... und manchmal zartbitter!

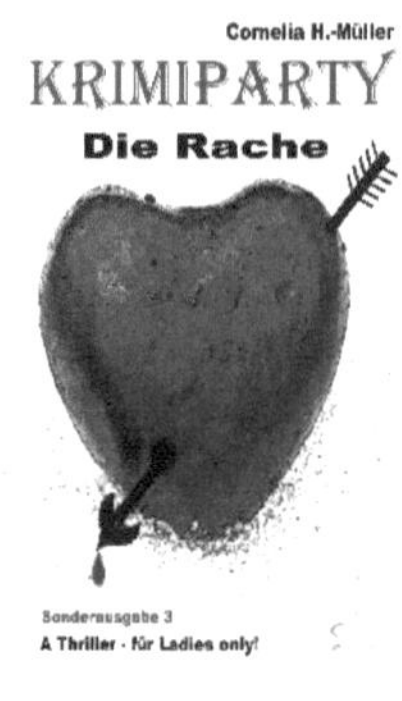

8 Frauen treffen sich an einem Wochenende im November in dem einsam gelegenen Landhaus der schwerreichen Camilla von Strelitz. Dort, in den Highlands nahe Iverness, sorgen ein Stromausfall, ein durchgebrannter Gaul und ein Todesfall für reichlich Abwechslung. Ermitteln Sie mit, wenn wir versuchen, etwas Licht in diesen nebulösen Fall zu bringen.

Krimiparty Sonderausgabe 4:

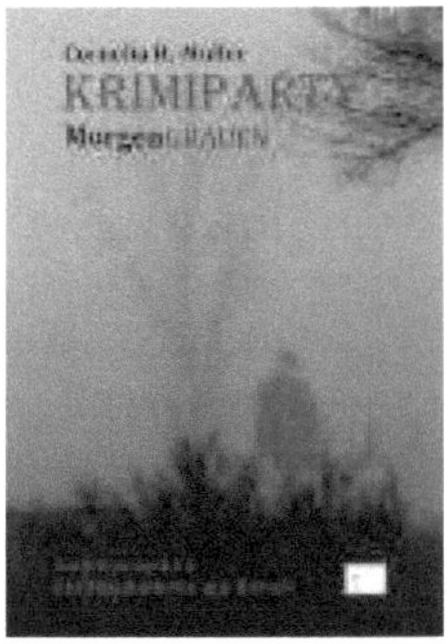

MorgenGrauen

Ein Mitspielkrimi aus Bayern

ISBN: 978-3-942614-58-0, Preis: 7,95€

Lokalzeitung Wulfrathhausen:

Der Brauereibesitzer Konrad Weiblinger wurde bei einem Jagdunfall im Wulfrathshausener Forst tödlich verletzt.

Nähere Umstände zu dem tragischen Unglück sind bislang nicht bekannt. Der Unternehmer war weit über die Grenzen Bayerns hinaus bekannt und geschätzt. Besonders tragisch ist, dass Konrad Weiblinger am kommenden Montag die Münchner Immobilienhändlerin Susanne Schwammberger heiraten wollte...

Krimiparty Sonderausgabe 5:

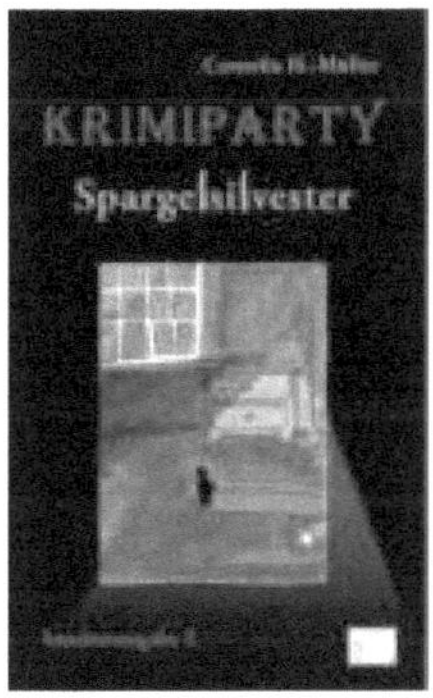

Spargelsilvester Ein ländlicher Krimi nicht nur zur Spargelzeit! ISBN: 978-3-942614-71-9, Preis: 7,95€

Harry Petterson, Spargelbauer und Besitzer von Gut Landswede in Schleswig-Holstein, hat großen Grund zur Sorge. Ein hässlicher Erbstreit trübt die Stimmung in der Familie ebenso, wie das außergewöhnliche Geschenk, welches Hetty dem gemeinsamen Sohn Heiko ohne jede Absprache zum 22. Geburtstag gemacht hat. Und Tochter Syke? Sie treibt sich neuerdings auffällig oft im Heu herum und zickt mit ihrer aus Amerika angereisten Kusine Jaba um die Wette. Als das für die Landarbeiter, Freunde und Nachbarn ausgerichtete Spargelfest zum Saisonende für einen der Bewohner des Hofes tödlich endet, beginnt der Alptraum für Harry und die Seinen allerdings erst so richtig!

Und als besonderes Highlight gibt es passend zum Krimi noch ein Spargelrezept von Sternekoch Sascha Stemberg!

Krimiparty Sonderausgabe 6

Inkognito – ein Hotelkrimi

ISBN: 978-3-945725-12-2, 7,95€

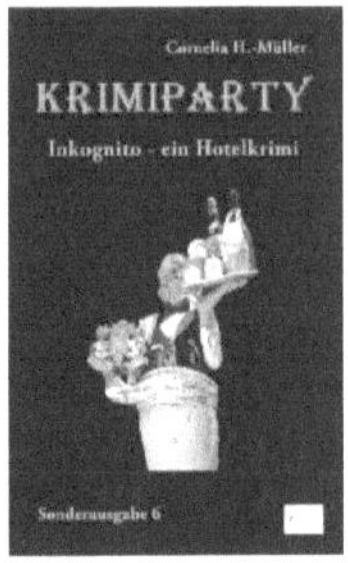

Spitzenkoch Jaques Pampelmues steht vor seinem größten Triumph; nachdem sein Kochbuch „Jaquesá la Carte“ seit Wochen auf den Bestsellerlisten steht, plant der Fernsehproduzent Frank Bachhausen jetzt eine eigene Kochshow im TV mit ihm. Man sollte annehmen, dies seien wunderbare Nachrichten für Jaques und seine tüchtige Frau Wanda, aber warum zickt Letztere plötzlich so herum? Und warum checkt die Schauspielerin Vanessa Steenhagen unter falschem Namen im Hotel Pampelmues ein?
Eine Leiche in Zimmer 223, ein Feueralarm und zwei vertauschte Koffer führen zu weiterer Verwirrung in diesem undurchsichtigen Fall.

Krimiparty Sonderausgabe 7
Bayern-Spezial mit 2 Fällen:
MorgenGrauen + Neues aus Wulfrathshausen
ISBN: 978-3-945725-45-0, 11,95 €

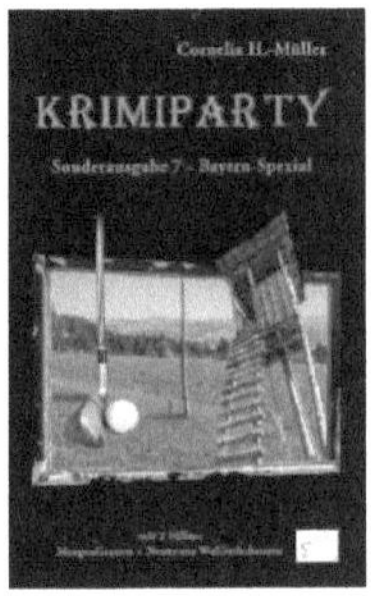

1: MorgenGrauen (Sonderausgabe 4)
Der Brauereibesitzer Konrad Weiblinger wird bei einem Jagdunfall im Wulfrathshausener Forst tödlich verletzt. Schnell steht fest, dass die Theorie eines Unfalls nicht aufrechterhalten werden kann. Aber wer hatte ein Motiv, den Unternehmer aus dem Weg zu räumen?

2: Neues aus Wulfrathshausen (Sonderausgabe 10)
Ganz Wulfrathshausen fiebert der Eröffnung des neuen Golfplatzes entgegen! Im Ort selbst trifft derweil der neue Pfarrer ein und überrascht die Dorfgemeinschaft ebenso mit seiner unkonventionellen Arbeitsweise wie mit Fragen zur Vergangenheit. Ein Journalist aus Berlin, verschiedene DNA-Analysen und ein Drama auf der Driving-Range sind einige der Zutaten zu diesem Fortsetzungs-Krimi von “MorgenGrauen.”

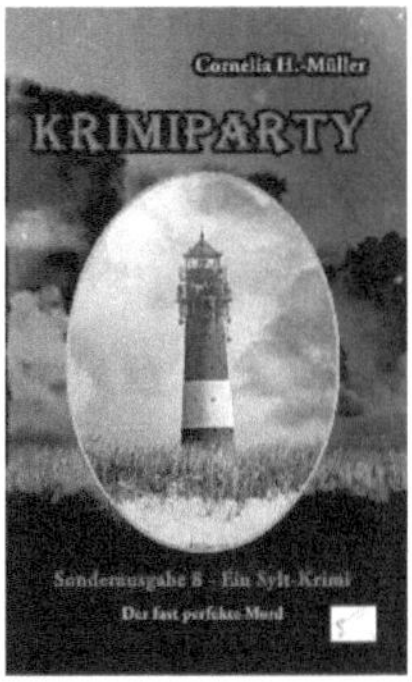

Krimiparty Sonderausgabe 8:
Der fast perfekte Mord- ein Sylt-Krimi
ISBN: 978-3-945725-84-9, 7,95€

Auch ein so traumhafter Ort wie die wunderschöne Insel Sylt ist vor Verbrechen nicht gefeit. Kommissar Ludger Hansen hat in diesem Mitspielkrimi von Cornelia H.-Müller den Mord an einem Finanzbeamten aufzuklären.
Beinahe zeitgleich zu dem Verbrechen gab es am Strand von Hörnum einen seltsamen Unfall mit einem Schwerverletzten. Hängen beide Fälle zusammen oder ist dies einfach nur Zufall?

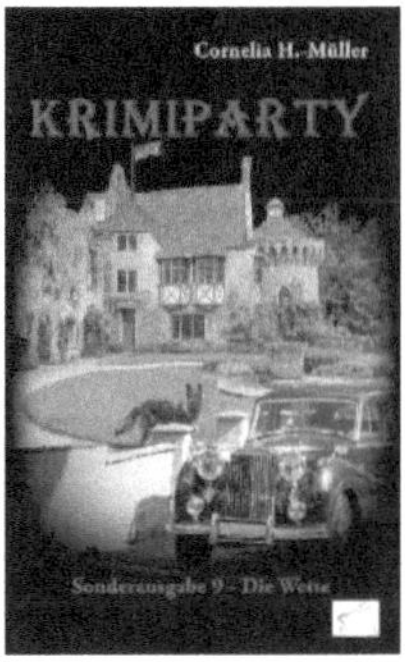

Krimiparty Sonderausgabe 9: Die Wette
ISBN: 978-3-945725-98-6, 7,95€

Lord Ashtenburry musste sein Anwesen, das altehrwürdige Linley-Castle, veräußern. Der neue Besitzer, ein texanischer Ölmilliardär, lädt die Ashtenburrys und weitere Gäste auf das Schloss ein. Keine leichten Zeiten für den gleich miterworbenen Butler des Hauses.
Trotzdem spricht alles für einen launigen Abend, bis es zu einer geradezu aberwitzigen Wette kommt. Noch vor Mitternacht gibt es eine Leiche und Inspector Hannibal Winter wird es nicht einfach haben, den Mord aufzuklären. Kommen Sie mit auf das schottische Schloss und versuchen Sie, den Fall mit Ihrem Ermittlerteam zu entwirren!

Murder Mystery Party 1: The Bet

ISBN: 978-3-96174-000-0

€ 9,95, USD: 13,95, GBP: 10,95

Translated from German to English by Annet- te Oppenlander, Bloomington, Indiana, USA

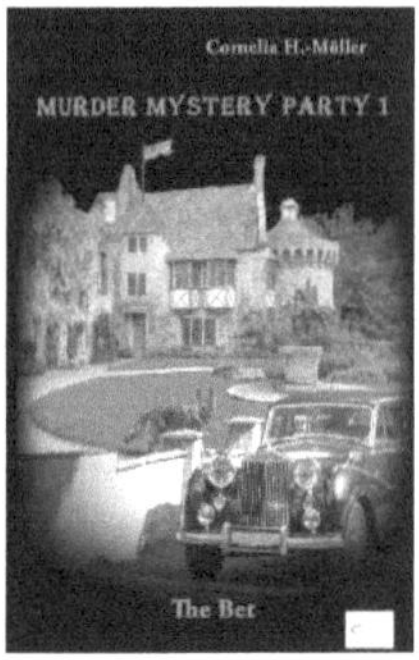

Lord Ashtenburry had to sell his manor, the venerable Linley Castle. The new owner, a Texan oil billionaire, invites the Ashtenburrys and other guests to the castle. Trying times for the butler who was included in the purch- ase. Nonetheless, everything appears to point to a jolly evening until a downright outrageous bet is placed. It is not even midnight when a dead body is discovered and Inspector Hannibal Winter will not have an easy time to resolve the murder. Come along to the Scottish castle and, together with your investigation team, try to solve the case! As always, this book is linked to the Internet. Find all necessary accessories here for download and printing.

Krimiparty Sonderausgabe 10: Neues aus Wulfrathshausen

Ein Krimi nicht nur für Golfer!

ISBN: 978-3-96174-002-4, € 7,95

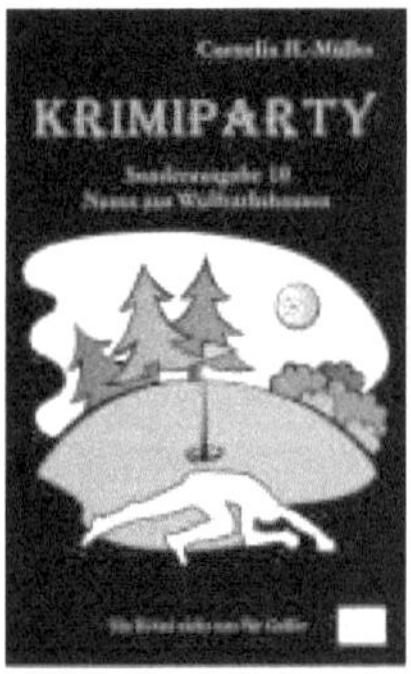

Endlich ist es soweit!

Wulfrathshausen, ein kleiner Ort in Oberbayern bekommt nach langer Planungs- und Bauphase einen eigenen Golfplatz. Der Investor und Bauherr Xaver Moosgruber kann es kaum erwarten, diesen seiner Bestimmung zu übergeben.

Im Ort selbst trifft derweil der neue Pfarrer ein und überrascht die Dorfgemeinschaft ebenso mit seiner unkonventionellen Arbeits- weise wie mit Fragen zur Vergangenheit.

Ein Journalist aus Berlin, verschiedene DNA-Analysen und ein Drama auf der Driving-Range sind einige der Zutaten zu diesem Krimi aus Oberbayern.

Krimiparty Sonderausgabe 11:
Familien*Bande* - ein Eifelkrimi
ISBN: 978-3-96174-021-5, € 7,95

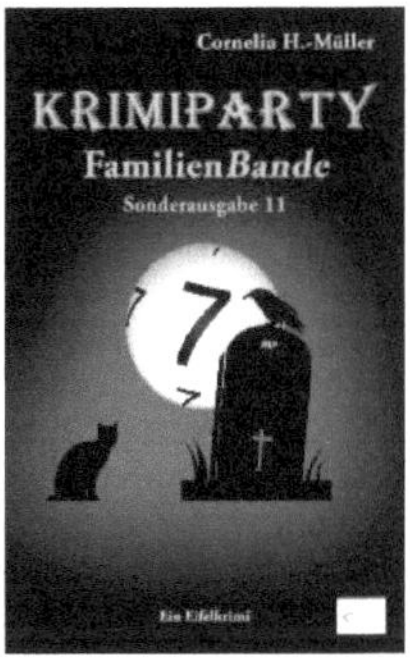

Haben Sie schon vom tragischen Ende des Jagdaufsehers Willi Schmitz gehört? Er fiel unglücklich vom Hochstand und brach sich offensichtlich das Genick. Und ob dies nicht genug Kummer für seine Frau wäre, wird in der Nacht nach diesem Unglück auch noch ins Haus des Verstorbenen eingebrochen. Gestohlen wurde nichts, aber alles durchwühlt.
Wen oder was haben die Einbrecher gesucht? Und ist Willi tatsächlich verunglückt oder wurde nachgeholfen? Die Gerüchteküche in der Eifel brodelt jedenfalls, wie früher die Vulkane in der sanft geschwungenen Hügellandschaft. Vielleicht können Sie ja etwas Licht in die mysteriösen Vorkommnisse im beschaulichen Eifelort Ebersbach bringen.

Krimiparty Sonderausgabe 12:
Schatten der Vergangenheit
Ein Kreuzfahrtkrimi
ISBN: 978-3-96174-025-3

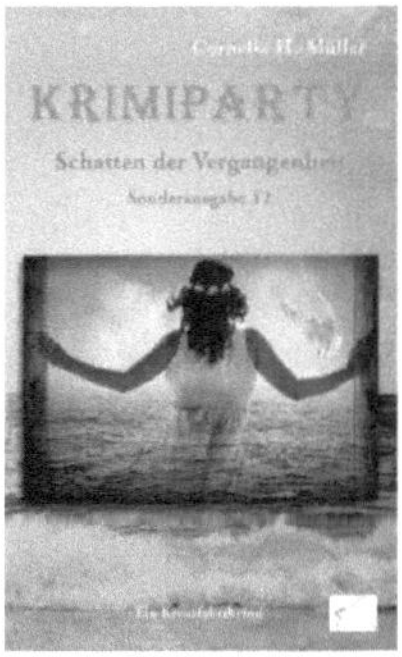

Eine junge Frau geht kurz vor ihrem 5. Hochzeitstag trotz ruhiger See über Bord des Luxus-Kreuzliners Bavaria II, ein Toter taucht am Katharinenpalast in Puschkin angeblich wieder auf und ein Erbvertrag mit vielen Klauseln sorgt für Verwirrung bei den Hinterbliebenen!
Wird es Ihnen gelingen, die Hintergründe zu durchleuchten und die Todesfälle aufzuklären?

Außerdem: Krimipartys für Kids

Anders als bei der beliebten Krimiparty-Reihe geht es bei Krimiparty Kids nicht um Mord. Daher sind diese Ermittlungen auch für ein jüngeres Publikum bestens geeignet.

Krimiparty Kids - Band 1
Kunstraub in New York
ISBN: 978-3-945725-25-2, € 7,95

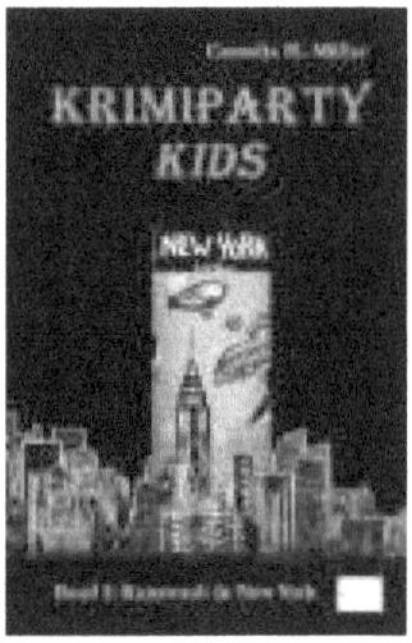

Der Künstler Harm Airbrush wittert die Chance seines Lebens, als eine New Yorker Galeristin völlig überraschend einen Besuch in seinem Hamburger Atelier ankündigt. Sie ist allerdings nur an einem einzigen Bild interessiert und dieses verschwindet wenig später auf rätselhafte Weise. Die Ermittlungen führen unsere Mitspieler bis nach New York. Werden sie den Kunstdieb entlarven können?

Krimiparty Kids Band 2: Was für ein Zirkus
ISBN: 978-3-96174-034-5

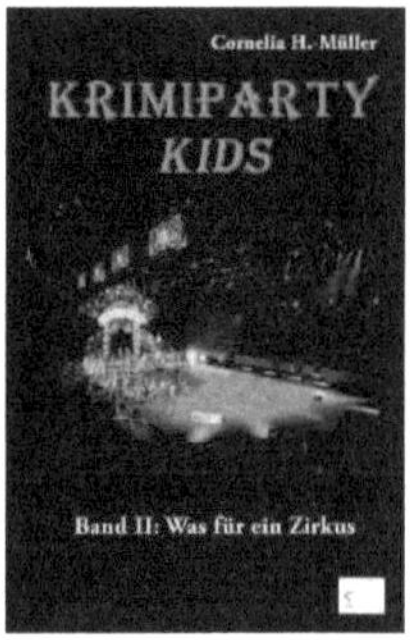

Im Zirkus Haberlein herrscht große Aufregung. Cesar, der Löwe von Dompteur Ivan Iwanolow, ist aus seinem Käfig entkommen.

Während ein Großaufgebot von Polizei und Feuerwehr nach der Wildkatze sucht, nimmt der Fall plötzlich eine unerwartete Wendung.

Krimis lesen ist spannend, aber selbst einmal in einem Kriminalfall mitzuspielen und zu ermitteln, ist noch viel interessanter!

Alle Bücher sind überall im Buchhandel erhältlich
oder auch unter: **www.verlag-epv.de** zu bestellen.